叢書・ウニベルシタス　984

スペイン・イタリア紀行

アーサー・ヤング
宮崎揚弘 訳

法政大学出版局

凡　例

一、本書は、Arthur Young, *Travels during the years 1787, 1788 & 1789; undertaken more particularly with a view of ascertaining the cultivation, wealth, resources, and national prosperity of the kingdom of France*, London, vol. I, Bury St. Edmunds, vol. II, 1794 の第一部、『旅日記 *Journal*』のスペインとイタリア旅行の全訳である。現フランス領内部分については『フランス紀行』と題して叢書・ウニベルシタス一一八として一九八三年七月に刊行した。本書のスペインとイタリア旅行の部分を『スペイン紀行』、『イタリア紀行』とするが、原著のタイトルにはどこにもスペイン、イタリアと書かれていない。しかし、原著の二九〜四三頁はスペイン、二〇〇〜七〇頁は頁ごとにイタリアの地名が欄外に記されていて、それと知れる。書物としては異例の存在で、現物にあたらないと分からない仕組みになっている。

二、訳出にあたってはこの一七九四年版を利用したが、スペイン旅行については、*Viaje en España* (*1787*), por Arturo Young, recopilación, traducción, prólogo y notas por J. Garcia Mercadal, pp. 1662–1672 (*Viaje de extranjeros por España y Portugal*, tomo III, siglo XVIII), Madrid, 1962; *Viatge a Catalunya –1787– per Arthur Young*, pròleg i traducció de Ramon Boixareu, Barcelona, 1970; s.n., Voyage en Catalogne [fragment des *Annales de l'agriculture françoise* t. III, pp. 398–454], s.l. 1798. イタリア旅行については、*Voyage en Italie pendant l'année 1789*, par Arthur Young, traduit de l'Anglais par François Soulès, Paris, 1796 を適宜参照した。

三、原著に目次はないが、読者の便をはかって、適当と思われる目次を新しく作成した。

四、原註番号は（1）と表記し、訳註番号は〔1〕と表記した。

五、原著に段落が少なく読みにくいので、新しく段落を設けた。

六、原著の固有名詞の綴りの誤りは表音上に影響するが、気づいた限りでは修正して表記した。

七、原著のイタリック体は傍点で、〝 〟は「 」で、文献名、オペラの演題名、芸術作品名等は『 』でくくって表記した。

八、原著中に出てくるEnglandには、国名としてのイギリスと地方名としてのイングランドの両義があるように思えるが、浅学な訳者にはしばしば前後の文脈関係から判断のつかなかった場合がある。読者は不審に思われた場合、イギリスからイングランドに、イングランドからイギリスに、自由に読み替えていただきたい。

九、訳註を作成するにあたっては、P. Larousse, *Grand Dictionnaire universel du XIX siècle*, Paris, 17 volumes, 1866–1879; *Diccionario Enciclopédico Espasa*, Madrid, 30 volumes, 1992; G. Zuccoli Bellantoni, *Enciclopedia Bompiani*, Milano, 28 volumes, 1984; G. Amato, *Enciclopedia Treccani*, Roma, 10 volumes, 2010; *Oxford Dictionary of National Biography*（*ODNB*）, Oxford, 60 volumes, 2004; S. Sadie, *The New Grove Dictionary of Music and Musicians*, London, 20 volumes, 1980 の該当する項目のほかに、各種辞（事）典、案内書類、地図等を参照、利用した。

目　次

凡　例　iii

スペイン紀行〈一七八七年七月一〇日〜七月二一日〉　1

アラン渓谷──製材所──村の貧困と悲惨──ビエリャ到着──司令官を訪問──快適だと聞いていた宿屋──パリャルス・ソビラー峠──材木流し──ピレネー山脈の頂──放牧場──トゥルーズの市場用松材──地震の爪痕──筏流し──司祭館に宿泊──村の様子──製鉄所──リアルプ──王立製塩所──オリーヴの木出現──岩山──ラ・ポブラ・ダ・サグー──個人の家に宿泊──ムンテスキウ──アラゴン地方の山並み望見──フルケー──大嵐──崇高な情景──貴人の邸宅──便利な渡し船──脱穀風景──ハエ払い装置──オリーヴとカシ類の木々──早朝のミサ──モンセラット山望見──登山──修道院到着──モンセラット山の夜──視界不良──ある庵──一路バルセロナへ──アス

パラゲーラ――凱旋門――シラミ捕り――素晴らしい街道――花崗岩の橋――多数の荷車――多数の別荘――市門の刻限――バルセロナ――ラゾウスキ氏の疲労困憊――上等の宿屋――上等の夕食――市街地見物――バルセロネータ――王立大砲製造工場――見事な埠頭――戦争の経費――無駄使い――マニュファクチュアの様相――貿易業――非武装化――帯剣の制約――宗教裁判――堡塁――観劇――バルセロナ出立――勤勉な様子の海岸地方――マタロー到着――靴下とレースの製造――アレニス・ダ・マール――カネット・ダ・マール――カレーリャ――ピネーダ・ダ・マール――美しい農村部――ピレネー山脈望見――ジローナ到着――司教さんの祝福――国境へ

イタリア紀行〈一七八九年九月二一日～一二月二〇日〉 29

ニース出立――同乗相客――老大佐と再会――ブロス峠越え――野生的で崇高な景色――空想をかきたてる集落――テンダ峠越え――新道とトンネル――美しい渓谷――クネオ到着――背の高い女主人――高いヴィーゾ山――老大佐の招待――美しい平坦な平野――ラッコニージ――モンカリエーリ城――トリノ到着――フランス人亡命者の話――市内見物――街の様相――王宮と城館の印象――紹介状の提出――農業協会副会長、カプリアータ氏――カプラ騎士と会見――続々と知己できる――宮殿見物――絵画鑑賞――オペラ『勇敢なウグイ』へ――スペルガ――塔からの見晴し――ブラッコ氏――不作法な出発――カプラ騎士の農場論――サルデーニャ王国の国庫――国王の人柄――アルトワ伯――稲作――

ヴァンニ・アルドゥイーノ氏――多数の絵画鑑賞――ライオンの口――演劇鑑賞――一日当たりの生活経費――都市生活と農村生活の違い――市内観光――絵画鑑賞――鐘楼――周囲の景色――サン・マルコ広場――運河と教会群――オペラ『無愛想だが心根のやさしい人』のリハーサルへ――海軍工廠――公式座上船――建造中の軍艦――ヴェネツィアの女性――イタリア人にみる気骨の欠如――ある心あるヴェネツィア人との対話――もうひとりのヴェネツィア人との対話――新作悲劇へ――小用をたす場について――ふたたび心あるヴェネツィア人との対話――犯罪を多発させる状況――悲喜劇へ――オペラ『無愛想だが心根のやさしい人』へ――川船で出立――ボローニャ号の船旅――ポー河の見張り――ヴェネツィアの大貴族の教育――ヴェネツィアの最古の家系――『貴族の家系歴史辞典』から抜きだした家系リスト――家系の起源――ライオンとの別れ――フェッラーラの街区――宮殿――アリオストの墓――悪路――ボローニャ到着――テイラー氏と再会――オペラ『コルシカのテオドーロ王』へ――劣悪な宿屋――宮殿内の絵画コレクション――テイラー氏の所へ――フランス人亡命貴族たち――テイラー氏の二人の娘たち――ボローニャの物価――ビニャーミ氏の別宅――イギリス人セールスマン――いざ、フィレンツェへ――宿屋あれこれ――トスカーナ大公国への入国――アペニン山脈横断――トスカーナ美人――ブイエ侯爵夫人――フィレンツェ到着――宮廷はピサへ――農芸学会会長――カゾ侯の『社会機構』――国債論――メディチ家のヴィーナス像――絵画鑑賞――ラストリ氏――オペラ『欺かれた陰謀』へ――アンスバッハの侯爵――レディー・クレイヴン

スペイン紀行

このアラン渓谷[1]は十分に耕されている。高所はありふれた景色を興味深くするものだが、ここから見晴らす渓谷くらい壮観なものはない。道は木々の下を行く。樹木の生みだす自然のアーチが一〇歩進むごとに新しい景観を生みだす。密生した樹木が見事な陰をつくっている。岩壁は大きく、どの輪郭も際立っている。足もとに広がる新緑の谷には競いあう美の特色がことごとく現われていて、周囲の山々の壮大さと好対照をなしている。この谷へ下り、スペイン側最初の宿屋で休息。乾草も、穀類も、肉もなく、窓にはガラスも入っていない。しかし、物価は安く、玉子とパン、それに数尾の小ぶりの鱒で一五スー（英貨七ペンス二分の一）。

ここからガロンヌ河沿いに行く。それはすでに立派な川をなしているが、流れがとても速い。山仕事をする人々は材木を製材所まで流す。その製材所は目下、平板を製材中である。アラン渓谷全体がよく耕され、人口密度が高い。それは八時間行程で、長さにして約四〇イギリス・マイルある。そこには三二カ村の小集落がある。それらは小ぎれいな様相を呈しており、家壁は堅牢に作られ、屋根はしっかりスレートで葺かれている。しかし、一歩中へ入ると、その光景は一変する。というのは、私たち〔2〕には、それらの家が貧困と悲惨に満ちているのが分かったからだ。ガラスの入った窓は村にひとつも見られなかった。煙突だってほとんどない。一、二階の部屋の窓が煙を排出するのだ。

私たちが出発したフランスからバルセロナまでの途上にあるこの谷の中心地、ビエリャ〔3〕に到着。こうした位置関係はビエリャにちょっとした強みを生んできたのだ。当地で得られた情報では、私たちは旅券を持たずにスペインへ入国することはできなかった。そこで、私たちは中佐にしてカラトラーバ騎士団の騎士〔4〕である司令官を訪問した。彼は渓谷全体とその三二カ村を統轄している。彼の家はこの地方で見られた窓にガラスの入った唯一のそれであった。控えの間の豪華な天蓋の下に国王の肖像画が掛かっていた。私たちはスペイン式の儀礼で迎えられ、数カ月前に、旅券を所持せずに発見された外国人は誰でも軍の駐屯地へ送るようにという命令が出たと、はっきり言われた。このような命令は当地へやってくる外国人が多いことを示している。閣下の寝台の、それぞれの両側には、一対のピストルが、さらに真ん中には十字架が掛けられてあった。私たちは彼がどちらを信頼しているか、聞き漏らしてしまった。

バニェール゠ド゠リュションで、私たちはビエリャの宿屋が快適だと聞いていた。私たちは一階が馬小屋なのを知った。そこから、私たちは煤で真黒の台所へ登っていき、そこを通り抜けてパン焼き室へ行くのである。ひと竃分のパンが熱した竃へこれから入れるべく置いてある。この部屋には、たまにやってくる旅行者用に二つの寝台がある。客が二人以上の場合、藁を床に敷いて、好きなように休むことができるようになっている。窓にはガラスが入っていない。天井には、大きな穴が空いていて、よじ登って屋根裏部屋へ行けるようになっている。屋根裏部屋の窓には、雨、風を防ぐ鎧戸さえないのだ。寝台のひとつには先客が寝た。だから、私の同行者はテーブルの上に寝たのだった。しかしながら、その宿屋には、オムレツ用の玉子、良質なパン、濃厚なブドウ酒、ブランデー、それに鶏肉を提供してくれる余裕があった。この鶏肉は私たちが着いてからつぶしてくれたのだった。人々はたいへん不潔だが丁寧である。――二六マイル。

一一日。ビエリャを出発し、一路バルセロナへ。道はパリャルス・ソビラー峠（山越えの隘路）を通る。もうひとつのやや行程の短くてすむ峠道はとても切り立っていて通行が困難だし、バルセロナまでの道中もさらにひどいものだと説明された。アラン渓谷の三二カ村中のいくつかを通り抜ける。それらが互に押し合いへし合いしているところを見ると、人口が過剰なのに違いない。当地の人口過剰は土地財産と多数いる家畜、それにどの聖堂区にもある山がもたらす豊富な燃料の分割方式のためである。

アルティアスとジェッサを通る。ガロンヌ河に流入する川を渡る。アルティアスを見晴らす山岳風景、つまり森林、岩峰、雪の風景は美しい。ガロンヌ河を流れ下る材木は川の中で岩角にぶつかり、雷そっくりのとてつもない音をたてている。サラルドゥーとトレドースを通る。トレドースはその渓谷最後の村で、その近くの左手にガロンヌ河の源流がある。ところが、私たちの渡った右手の流れの方が大きいように思える。これまで見てきた村という村はどれも同じくらい惨めな様子をしている。煙突は見当たらない贅沢品である。

村中どこを探しても、大きな花崗岩のかたまりが山からごろごろと転げ出て無数の泉が山腹から湧き出ている。それから、私たちは残雪が現われた地帯よりはるか上のピレネー山脈〔5〕の山の頂そのものへ登り、その頂からカタルーニャに重畳と連なるとてつもない山稜の景色を眺めた。多くの山稜はその頂に雪をいただき、五、六〇マイル遠くまで続いている。いちばん高い山稜の頂上にたどり着くのに私たちは四時間四五分かかった。そうは言っても、登りはじめたとき、ここからボルドーまで数百マイルのあいだを流れるガロンヌ河の流れの速さから推すと、私たちはヨーロッパきっての高地のひとつにいたに違いない。雲母片岩からなる岩山の頂は木が生えていなくて、放牧場になっている。この放牧場はこの高地の清らかな空気を吸って育つ牛の群に利用されている。

いま、私たちが見つけては味わう泉の水は地中海へ流入している。ぽつんと坂の途中に建っている教会の前と五段か六段に分かれた美しい滝のところを通過。滝の水は森林の中を少なくとも五〇〇フィート幅の急流となって流れ下る。その上には巨大な岩塊。全景は壮大ではあるが荒涼としている。当地の樹木（松）はフランスの丘陵に生えているものより上等である。それらはすべてトゥルーズの市場用に伐採されるのだ。それらは山々を越えて運搬され、ガロンヌ河に浮べられる。その事実から、私たちは両王国を比較して、その需要について結論を引き出すことができる。

地震が山肌の一部を削りおとし、流れをせき止め、そして大きなせき止め湖を形成した地点を通過。地震はさぞかしすごい震動であったに違いない。なぜなら、その地点はいまでは小屋ほどもある大きな岩石片でできた荒地になっているからである。その岩石片たるや見ただけでもぞっとする荒れはてた状態でごろごろ転がっている。言い伝えによると、四人の男とそのラバが岩石の下に埋まっているのだった。アステリ・ダネウ渓谷に到着。そこでは小麦とライ麦が刈りとられている。坂の途中の土地はどれも耕されている。そこからは広い範囲に及ぶ荒涼とした山岳風景が見晴らせる。それらの山の斜面には耕地が散在しているのだった。谷を見おろす眺めは美しい。

二つの川の合流地点にあるアーチ型の橋を渡る。川を筏が板と木材で組まれて、流れてくる。アスカロに到着。

宿屋が劣悪だったので、案内人は私たちを中へ入れようとはしなかった。それゆえに、私たちは聖堂区司祭の館へ向かった。それに続く状況はイギリス人の目にはめずらしく映ったので心底笑わずにはいられなかった。わが聖職の主人公の館には台所に煙突があったから、私たちは窓にガラスが入っていなくてもとがめる気にはならなかった。件《くだん》の主人公は川へ走って虹鱒を獲ってきた。ある男が数羽の鶏を持ってきて、その場でつぶしてくれた。明りとして、松の木っぱに火がつけられた。二人の陽気な娘っ子と三、四人の男が集まって、私たちがじろじろ見ると同じことをしたが、いまや私たちの胃の腑を満たすために大奮闘であった。赤ブドウ酒が供されたが、皮袋のにおいが強烈で飲めなかった。また、ブランデーにはアニスの実のにおいがついていた。さて、どうしたもんだろう。私たちの困った様子を見て、風味豊で芳醇な、マラガ産の白ブドウ酒に似たそれが一壜とり出された。それで万事うまくいった。しかし、私たちがベッドを見にいくと、たったひとつしかなかった。わが友人はふたたび犠牲になって、私にベッドで寝るように強くすすめてくれた。彼はテーブルの上に寝床を作った。ナンキンムシ、ノミ、クマネズミ、そしてハツカネズミがひと晩中出没したようだ。私は襲われなかった。ベッドも舗道と同じくらい堅かったが――くたびれていたので、まるで羽毛にくるまっているかのように眠りこけた。

この村と住民はどちらも惨めな様子だった。煙突の代わりには煙出しの穴。窓にはガラスがまったく入っていない。ガラスの入った窓の快適さはそれがないことによって初めて分かるものである。女性の服装はすべて黒色で、同じ色の布を頭にかぶり、それが背中の半分にまでかかっている。靴と靴下ははいていない。全体に、印象は岩塊や山々と同じくらい陰気で粗野である。――三二マイル。

一二日。いまや丘の両方の斜面はきわめて近接しており、川、道そして狭い放牧地を残す余地しかない。岩石は若干の雲母を含む平板状の片岩である。初めてラヴェンダーが自生しているのを見る。鷲の巣のように山上にある村バイアスカを通過。リャブルジーに達する。

そこには、製鉄所があって鋼鉄と鉄が同時に鋳造されるし、ふいごを使用しないでも単に水の落下する勢いだけで風が送られる溶鉱炉がある。水は約一〇フィート落下し、その勢いで、溶鉱炉の中央部方向へ向いている一種のトンネルへ風を送るのである。溶解した金属塊の沈潜部分は鋼鉄からなっていて、中部は軟質で、上部は硬質の鉄である。松材の木炭が使用される。

岩山の頂上にあるルデースを通過し、いまやブドウと果樹の植えられた地に達するが、まだ雪が見える。谷へ下っていくにつれて、耕作可能な地はどこも耕されている。川を渡って多くの商店が建ち並ぶ細長い集落、リアルプへ。そこでは、麻織物が主たる商品らしい。満開のザクロの木の生け垣がある。ひどい旅籠で食事。その旅籠には、満足どころか私たちの気持ちをことごとく傷つけられた。

カタルーニャのこの地点まで、私たちはその地方を示す特色を確認できるものを何も見てこなかった。なぜなら、何も我慢のできる様子をしていないからである。村々と田園は貧困で悲惨なように思える。

ジェリ・ダ・ラ・サルに至る。その郊外は巨大な王立製塩所〔6〕があるためにましな様子をしている。当地で初めてオリーヴの木を目撃し、全山礫岩《れきがん》からなっている山を登っていくと、壁状に切り立ち、ブドウの木、桑の木、そしてオリーヴの木を植えられた台地に出くわす。

それから、道は山中の隘路へ通じている。思うに、それはこれまで私が眺めたうちでいちばん印象的な風景を呈している。私は初めて海を見た折に受けた感銘を覚えているが、それはこれより弱かったと思う。達人の画筆をもってしても十分には伝えられない事柄について、多弁を費やすのはやめにしよう。隘路は一マイル以上の長さである。岩山は川の流れに道を譲るため、寸断されているように見えた。その川は小さな谷底いっぱいに広がっている。道路は岩を刻み、火薬を爆破して建設された。それは莫大な労力と膨大な費用の所産である。それは高みへ続いている。その高みは風景を変化させ、眼下に興味深い深淵を生んでいる。どちらの側にもそびえる石の山々は高さといい、大きさといい、張り出した具合といい想像の限り、途方もなく恐ろしい。イギリスの岩山を全部ひとつひとつ重ね合わせても、これらの巨大で途方もない岩山に比べれば、小山をなすにすぎないだろう。岩山というものは、一般に山から分離した部分であることは一目瞭然としている。岩山はどんなに大きかろうと重なり合っていて、それが印象を弱めるものなのだ。それがここでは異なっている。むきだしの山容を考えるなら、それは漠然とした想像にしかなるまい。ところが、その広大な大きさ、切り立って――張り出て――そして突き出た――その形、つまり無生物界に力を与え、見る者の注意を引きつけずにはおかない岩山がことごとくこの崇高な風景のあらゆる面に堂々と広がっているのである。

クリェガッツを通過。土地の地形はいまや和らぎはじめる。山はそれほど高くなくなり、谷は広がる。三六イギリス・マイルに及ぶへとへととなった旅をして、ラ・ポブラ・ダ・サグーへ到着。その旅の半分以上を一般の人々と同じように、私たちは歩いた。

当地で、私たちは贅沢に飲食をした。宿屋がたいへん劣悪だといううわさのため、私たちがある小売商人のところへ逃げ込んだからである。スペインのこの地方では、個人の家の戸口に馬を乗りつけて、宿と食事を所望し、もちろん然るべき代金を支払うなんてめったにないことらしい。それでも、飲物についてはその地方一帯のブドウ酒には皮袋のにおいがしっかりしみついているから、アニスの実の香りがついたブランデーが口に合わないなら、水がいちばんよい飲物になることを肝に銘じておかなければならない。サラダはもちろん、サラダを添えた主料理は食べられたものではない。というのも、その地方のサラダ油は強くいやなにおいがするからだ。それでもそれは、住民がよい油には欠かすことのできないと思っているらしい質なのだ。なぜなら、どこでもそれは口をきわめて褒められているからだ。

この町には、ガラスの入った窓のある数軒の立派な家がある。私たちは二人の修道士に慇懃に付き添われる立派な服装の若い女性を見た。——三六マイル。

一三日。ラ・ポブラ・ダ・サグーを出発し、川を渡河。川幅は五〇ヤードである。川は灌漑用に水を提供して、洪水被害の埋め合わせをしている。なぜなら、私たちは洪水で被害を受けた二つの広大な土地の前を通ったからである。周辺の山々は険しいが興味深い地形をなしている。その地方は全体に耕地と荒地がまじりあっていて、そのために、ある地域は見ていて心地よい。しかし、採草地はない。だから、私たちのつれたラバは乾草を食べることができず、麦わらと大麦を食べることになった。スペイン中どこでも、ムラサキウマゴヤシの栽培用に灌漑された若干の例外的な土地を別にすれば、同じことであるそうだ。あちこちで多量の穀物が殻竿《からざお》で打たれている。

道はムンテスキウのそばを通る。道路全体が白い石と粘土質の泥灰土からなっている。後ろを振りかえって見ると、雄大な眺めだが森林がない。ウルカウは寒村。よそのどことも同じように、そこでは、一階は家畜小屋である。その小屋は年に一度か二度、土地に施肥をするときだけ掃除される。気候はこんなに暑いから、家中にただようかぐわしき臭気がどのようなものか想像がつこうというものである。台所と部屋へ上っていくと、そこでは多様な好ましくない臭いをかがされるので、大気分析をする練達の化学者でもすっかりまどわされてしまうであろう。当地では白ブドウ酒はすべて加熱される。山腹がオリーヴ林で段々になった山を下る。オリーヴの木々は岩の上でもよく育つが、山に美しさを添えるものではない。それというのも、一帯を樹木のなかでいちばん見栄えのしないオリーヴの木で覆っても、人の目を楽しませることにはならないからだ。

サン・ルマー・ダベーリャの見えるところを通過し、貝殻を含む地層の地帯とそっくりラヴェンダーで覆われた広大な荒地を横切る。

とある丘に登る。そこからは西南西方向のアラゴン地方にある遠くの山々の広大な景色を見晴らせる。非常に高い山々が遠くまで重畳とつらなっているのが見えるし、私たちがやってきたピレネー山脈の白銀を戴く山々も見える。道路をたどっていくと、私たちには道路が素晴らしい景色の方へ開けているのが分かる。その景色というのは一見したところ平野であって、海まで広がる広大な一帯であるかのように思える。しかし、平野はどの方向も山稜によって囲まれている。もっとも、山稜は私たちが見てきたもっと高い山地に比べれば、低そうだ。一大チェーンをなすピレネー山脈が左手に、トゥルトーザの山脈が右手に見える。フルケーへ下る。そこで、私たちは注目すべき農業家に経営された宿屋にその晩を泊り、スペインとしてはかなりのもてなしを受ける。当地で、その晩私たちは非常に恐ろしい大嵐を体験した。私がイングランドで見たような稲妻など、この強烈に放電する恐ろしい稲光りに比べれば、かすかな光にすぎなかった。ピレネー山脈は一〇〇マイルのあいだが一直線になって見えた。ジグザグになった稲妻が火の流れとなって、そのうちの五〇マイルを照らしだしたが、五〇マイル近い長さの火の流れなど、そもそも巨大な高みにでも登らなければ見られないものである。色彩はこの上なく青白い。その情景は雄大で、敬虔で崇高である。——二八マイル。

一四日。朝のうち、空は雲がかかってどんよりしていて、雨が多少降ってきた。私たちは濡れはしまいか、と危惧を表明したが、主人は快晴になるだろうと言った。私たちは信用して出発したところ、焼けつくような日になった。

ここらでまとめて言っておきたいことがある。それはカタルーニャへ入って一〇〇マイル以上の道中で、貴人の邸宅とおぼしきものは二軒しか見ていない、ということにある。そのうち一軒はビエリャにある司令官の邸宅、もう一軒はラ・ポブラ・ダ・サグーにあるそれだ。農村部については二〇〇エーカー中で、一エーカーすら耕されていないのだ。それゆえ、これまでのところ、この地方が耕地になっていると期待していたのに、まったく裏切られてしまった。

マンネンロウ、ツゲそしてイバラで覆われた山腹を通り、緑豊な谷へ降りてポンツの市街地へ。非常に便利な渡し船でセグラ川を渡河。それは私がイングランドで見たどの渡し船よりも馬と四輪馬車に都合よく工夫されている。テムズ河、セヴァーン河、そしてトレント河[7]を渡ったことがあるが、馬が脚をへし折りはしないかという今にも生じかねない危険を冒して、渡し船の舷側にある狭い部分にピョンととびこませる必要のない渡し船なんて見たこともなかった。渡し船へ乗せる際に死なせてしまった牝牛、雄牛、そして馬が数知れぬことを、私は知っている。馬も人もどかさずに、四輪馬車を乗せたり、降ろしたりできる。渡し船はピン歯車の上を通る大きな綱を伝わって川を渡る。当地では、灌漑に払うべき配慮と注意が十分ではない。絹の巻き上げもさかんである。

戸外で地面を丸く東洋風にラバを走らせて穀物を脱穀している。少女が一人で走らせている。三、四人の男が藁をひっくり返したり、投げ上げたり、新しい束を地面に補充したりしている。

泥灰土の荒地を通る。場所によっては泥灰土に明るい、透き通った雲母の地層が含まれている。それは光かがやき、押し入ってうすい層をなしている。——数マイルのあいだ不毛の地。岩だらけの丘の頂上にある白い教会と家々が手つかずの荒涼とした地域の真っただ中にあって独特の印象を与える村、リベリャスを通る。サナウージャで昼食。その日はとてつもなく暑く、ハエが無数にいたので、いまいましいったらなかった。食事中、ハエを食卓へ近づけないようにする格好の装置がある。それは二つの蝶番で天井からつりさげられた、動かせるたいへん軽いキャンバスを張った枠台である。客が食事中は女中がそれを前後に引っ張るのである。すると、それが空気をかき乱すため、ハエを追い払うという按配である。この装置が使われないところでは、女中は同じ目的のためハエ叩きを使って、おどけた仕草で風を送るが、彼女が可愛い子だと、不快などころかなかなか風情がある。桃、リンゴ、そして熟れたセイヨウナシの採れる多くの灌漑地を通る。生け垣に植えてあるザクロの実はいまや殻に入った胡桃の実と同じくらい大きくなっている。ビオズカまで、多くは荒涼とした丘陵だが、いくつかの開けた谷がある。オリーヴの木々と、それらとほとんど同じくらい嘆かわしい常緑性のカシ類の木々を別にすれば、どこにも樹木は見当らない。トゥラーまで、農村部はだんだんと開墾され、二、三の散在する家屋が見える。それらを私は新しい環境だと思う。カスティフリィット・ダ・リウブラゴスを通る。農村部はカラフまでますます開ける。そこへ、一四時間ラバにまたがり、うだるような暑さのなかを四〇イギリス・マイル進んで到着した。——四〇マイル。

一五日。——日曜日。早朝四時ミサへ。教会はラバ追いでほぼ一杯だった。礼拝中のいくつかの応唱で、大げさに信仰心をほとばしらせるのを見て、私たちはまぎれもなくスペインにいるのだった。

この信仰に対する熱烈なまでの配慮がその地方の荒れはてた状態とどう関係するのか、他の人に判断を委ねよう。私がたいへんびっくりしたのは、平日とまったく同じように穀物の刈りとり用鎌を持って市街地から出ていく多数の男たちがいたことにある。これは聖職者の許可を得てのことだったに違いない。聖職者がこのような許可を出したのは私が期待していたよりもはるかに寛大な気持ちから出たものである。

大きな荒地を通って、丘に登る。そこから、不毛な一帯の広大な景色を俯瞰できる。初めて、モンセラット山〔8〕を望見する。その輪郭は興味深い。岩だらけの一帯の真ん中にある荒涼とした様相のカン・プラットで昼食。そこには、多くの荒地があって、一〇〇エーカーのうちの一エーカーだって耕作されていない。モンセラット山の山麓に到着。シックネス〔9〕氏の手になる旅行記から影響を受けて、モンセラット山はわが旅のひとつの目的になったのだった。

それは見事なまでに孤立した、巨大な岩盤からなる山塊である。見事に曲がりくねった道路が建設されていて、私たちはそれを伝わって修道院へ登っていった。こうした道路建設はちゃんとした道路などほとんどない地方では難事業であった。行程の大半は自然のままの岩山を切り開いている。ほかの点から見ると、モンセラット山は世界でもっとも風変わりな山のひとつである。右側には、森林で縁どりされた屏風のような山がある。その山のてっぺんにはびっくりするほど大きい岩峰があり、それらがモンセラット山を有名にしているのである。左側には、恐ろしくなるほど切れ落ちた絶壁があるが、それが一面イングランドでなら灌木の茂みと庭木を引き立たせるのに一生懸命お金をかけて捜し求められる類の植物で覆われている。当地の植物は繁茂しているが、それは世界中でもっともよい天気のひとつを期待できたからである。道路は平坦で、美しい植物がおい茂っているので、両者は一体となって庭園の小道にも似ている。眺める風景はどこもかしこもめずらしい。明暗の度と広がりが混沌とし、形状が入り乱れているため、視線はびっくりして諸所をさまよい、気を落ち着かせて何か別の物を見ることができない。

私たちは夕べの聖歌と音楽の時間にちょうど間にあうように修道院に到着した。教会は素晴らしい。数点の絵画は優れている。そして、多数の金銀のランプ、花びんなどと一緒に、多量のダイヤモンド、ルビー、その他あらゆる宝石の奉納物があることを指摘し、これ以上触れないことにしよう。というのも、それらは私の心にもっぱら嫌悪感を起こさせるからである。人に加える愚行もいやだが、たとえ修道士が誠実でも、人から受ける愚行もかなわない。

到着すると、私たちは修道院の中にある必要な物だけをそなえた二つの部屋からなる小ざっぱりとした質素な部屋へ案内された。所望する食物とブドウ酒は格安な値段で召使いにより提供された。この有益なもてなしに、私たちは快適な夜の休息がとれるため感謝したのだった。——二七マイル。

一六日。途中で私たちがモンセラット山へ登る気になった主たる理由は、シックネス氏が描くモンセラット山頂からとさまざまな庵から俯瞰する驚くべき眺望にあった。今朝、私たちは小高い峰に歩いて登ったが、天気が悪く、登りも下りも視界をさえぎられて、ずっと雲の中にいた。できたら当地に二、三日滞在して天候が回復するのを待ちたかったが、わが友人はバニェール＝ド＝リュションのラ・ロシュフコー伯のもとへ急いで戻らねばならなかったので、私が滞在を延していたら、私たちは別れていたに違いない。このような旅では、時間に余裕をみておくことがいつも望ましい。連れだって旅をするということはことのほか難しい。L氏[10]との旅はやるだけの価値もあれば興味深くもあるので、ついぞしぶるような気持ちにならなかった。高い所に居てできることと言ったら、雲が私たちの周囲にも下界にもあり、視界が五〇〇ヤードと利かないので、眼前に広がる驚異的な眺望を想像してくやしがるのが関の山である。私たちは庵のひとつに立ち寄った。そこの住人たる貴人然とした態度と作法のあるマルタ人があたたかく、丁重に迎えてくれて、パン、ブドウ酒、そして果物を出してくれた。彼はマジョルカ島が自分の庭園からはっきりと見ることができるのにと言って、私たちの不運を残念がってくれた。私たちは庭園を眺めて嬉しかったが、マジョルカ島が見えたらもっと嬉しかったのに。しかし、遠い景色は見えなかったけれど、私たちはこのたいへん興味深い山を構成するめずらしい、際立った岩峰の形状を調べて、面白がることはできた。全体がひとつの巨大な礫岩のように思える。

修道院を出立し、一路バルセロナへ向かう。脇に、植物が豊富に群生した道路はこれまでのそれより劣悪である。私たちは数マイル下っていった。クイバトーを通る。そこには、四フィートの高さのアロエの生け垣がある。当地で、本街道にでる。なぜなら、私たちは初めて一頭立二輪馬車を見かけるからである。ひどい小石だらけの荒野を通過。そこにはわびしい常緑性のカシ類とともに芳香性の植物のみが散在して育っている。アスパラゲーラは私たちの見かけた最初の工業都市である。毛織物、ラシャ、そしてレース類。その都市は一マイル近い長さだ。マルトゥレイの近くで、ハンニバルが建設したという凱旋門[11]を見物。それは最近修復された。その都市では、だれもかれもレース製造に雇われている。しかしながら、この連中は見た目にも快適とは言えない、お互いの頭からシラミを捕るというもうひとつの仕事もしている。シラミ捕りに、多数の連中がかかりきりだった。この連中くらい臭いか不潔な奴もいないし、彼らの家くらい汚い家もない。どちらかを見るにつけ、清潔とは数ある美徳のなかでも最初のひとつであるべきだし、このように暑い季節にはとかく二重の意味でその通りであるべきだという思いを強くする。これらどの都市にも新しい家はない。農村部は快適ではないし、干上がって露呈した多くの川床により乾燥して見るに忍びない悲惨な状況になっていた。アンズの実、プラムの実、メロン、その他種々の果物が熟していて、路上で売られている。

素晴らしい街道に達する。それは国王の費用で建設中である。幅五〇か六〇フィート。一方には土留めの壁がもうけられている。いまや、一帯は人口がますます多くなり、家並みがよくなり、ブドウ畑も耕地も増加する。

この地方の評判は土地が低く平坦で、灌漑の行きとどいた地区での改良から生じたのであろう。そうであるとしたら、他と区別されるべきであろう。というのも、この地方の大部分は山地からなっていて、それは比率にすると八分の七に及ぶからである。大きな製紙工場のそばを通りすぎ、同じ立派な街道をたどって、ビラフランカへ通じるもうひとつの大変によく作られた街道と合流。左に曲がってバルセロナへ向かい、赤い花崗岩の橋を渡たる。それは堅牢で、永続的で、そして堂々とした仕事の成果で、四四〇歩分の長さがある。しかし、建設後八年しかたっていないのに、それは傷んで見る影もない有り様になっている。いまや、逞しいラバに引かれたきわめて多数の二輪荷車と四輪荷車に出くわし、大都会へ一歩一歩近づいている兆候が感じられる。そこから二、三マイルと行かないうちに、多くの別荘とあらゆる種類の立派な家屋が出現する。それらは左右に広がり、あたり一帯に見られる。パリを出発して以来、ついぞ都会らしい都会へ足を踏み入れたことがなかった。都会へ近づく街道は活気の気配や快活さを伝えるものである。パリを大王国の首都とみなし、バルセロナを単なる一地方の中心地とみるなら、後者はたとえようもなく際立っている。この堂々とした街道は現スペイン国王には名誉となる。これは登ったり下ったりする煩雑さを解消するため、あらゆる狭い谷をまっすぐ越えているのだ。北方人の目には、少数ながらもヤシの木が現われて眺望の変化と映る。初めてバルセロナ[12]が見えたときの印象では、とても広々としている。場所としては本当に美しい。最後の半マイルを市門の閉門刻限に間に合うように、私たちは大急ぎで行った。なぜなら、市門は九時に閉まるからである。私たちは暑いさなかを四〇マイルも騎行し、くたくたに疲れていたのに、入市に際しあらゆる物品に入市税がかかるため、ばかばかしい検査を受ける羽目になった。しかも、私たちは最初の宿屋たるフランスの王冠屋まで約二マイルほど行き、満員で泊まれなくて、つぎにラ・フォンデ、[13]屋へ行き、やっと快適な部屋を見つけた。

わが友は、今日がこれまで経験したうちでいちばん疲れた日だと思ったのだった。うだるような暑さが彼を大いに苦しめた。一般に、旅行者には分別があるから、七月中旬にもなって一日中騎行するなんてことはしないものだ。当地では、彼らはもっぱら午前中と夜間行動している。ところで、山地で続いた不自由な食事と我慢をともなう、むさくるしい宿屋での宿泊の後では、この宿は好対照をなしていた。それはたいへん上等な宿屋で、イングランドと同じようにきびきびしていて気配りのある多くのウェイターが働いている。上等な夕食。素晴らしい地中海の魚料理、熟した桃、美味なブドウ酒、世界でいちばん香りのよいレモネードが供された。そして快適なベッドが加わって、一切合財が私たちを生きかえらせようとした。しかし、ラゾウスキ氏はすっかり疲れてしまって、それらを享受できなかった。

一七日。市街地を見物。——四〇マイル。

それは大きい。見た目には、どの通りにも、恐ろしく人出が多い。通りの多くは狭い。それは旧市街ではよくあることだ。しかし、立派な家屋の並ぶ、もっと広い通りも多数ある。だが、概して公共建築物を別にすれば、家屋が立派だとは言えない。公共建築物は壮麗な様式で建てられている。いくつかの相当な空間がある。それらは整然とした広場ではないが、装飾的で、新しい建物を最大限引き立たせるのに効果を上げている。バルセロネータとよばれる地区はまったく新しく、完璧に規則的に建てられている。通りは互に直角に交叉している。しかし、家屋はすべて小さく、低く、船乗り、零細な小売商人、そして職人の住いに当てられている。この新しい市街地の前面は埠頭に面している。通りには明りがともされているが、いくつかの通りでは、とくに広い通りではほこりがつもっているので、舗装されているかさえ分からない。方面軍司令官の公邸と新しい泉水はかなりの規模で、様式もととのっている。それらを見ると、きれいに装おうという考え方が当地にあるのが分かる。王立大砲製造工場はとても大きい。工場内は広々としているし、あらゆるものが費用をおしまず据えられたように思われる。大砲の鋳型は主として黄銅である。大砲は堅牢である。数門の二四ポンド砲がくり抜かれている。それはおそらくあらゆる工程でもっとも興味深い作業である。それを初めて発明した才能へ敬意を払わなければ、見てはならないものだ。戦時には、ここへ三〇〇人の男たちが雇用されるが、目下の人数は多くない。

しかし、バルセロナでいちばん際立っていて、少なくとも私の知る限り、よそにライバルのないものは埠頭である。設計といい、出来栄えといい見事である。それは長さ半マイルあると思う。石造りの低い波止場は水面よりわずか数フィートのところにつくられている。海面すれすれに、船は係留されるのだ。波止場には、あらゆる種類の商品と荷物を船に積んだり下ろしたりするのに十分なだけの幅があった。一列に並んだアーチ型の倉庫がこの波止場に向いている。そして倉庫の上には、通りと同じレベルにある埠頭の上部がある。さらに、上ったり下ったりするのに便利なように、荷車用のなだらかな傾斜道と階段もある。全体が荒削りな石できわめて堅牢に作られていて、本物の気高い精神をこの有益な公共事業に見いだせるように、仕上げられている。数マイル通った街道――渡った橋――そしてこの埠頭は現スペイン国王に永遠の名誉となる事業である。目下約一四〇隻の船舶が港に入っている。しかし、その数はときにはもっと多くなる。

バルセロナの埠頭のような素晴らしい事業を見るにつけ、戦争と殺戮に費やされる莫大な資金をおしまずにはいられない。二国間にちょっとした紛争が生じても、その経費はあの埠頭二〇本分、素晴らしい道路一〇〇〇マイル分、橋一〇〇カ所分、五〇都市の舗道、街灯、噴水、宮殿、そして公共の装飾物分に匹敵するのだ。数字上は多額の経費を費やすので、戦争というものは残忍であると同時に不条理である、と君主や議会に訴えても（後者は前者と同じくらい十分にこうした戒めを望んでいるのに）、少しも印象を与えないものだ。

連中はかかった経費には目もくれないし、その金額は観念的なものなのだ。しかし、戦争がエル・エスコリアル宮殿[14]の造営費に、マドリードにある彼の宮殿、サント・イルデフォンソ[15]の造営費に、そして王国中のすべての道路の建設費に相当する出費となることをスペイン国王に訴えるなら、彼は戦争を始める前に真剣に考えるであろう。騒々しくて党派心の強い議員たちがイギリスの名誉のため、貿易の諸権利と航海の自由のため、つまり戦争――それには、一億ポンドかかるであろう――のため、とわめき散らすイギリス議会を説得しようとしても、連中は経費の平和的利用に耳をかたむけまい。だったら、連中が大名旅行をするとき使う道路、公共の橋、そして首都やイギリスの他の都市を飾る大型の建物をなくしてしまってみてはどうだろう。議員たちはなくして浮いたお金で戦争することも辞さないなら、たぶん国民は力ずくで上下両院議会を倒すことになろう。だが、そのようなことはこの場合にもそっくりあてはまるのだ。なぜなら、やれ道路だ何だといった物を建設する資金を戦争に費やすならば、それは事実上そうした物を使いはたして消耗するのと同じだからである。少しでも考えてみれば、血を流し、新聞を賑わすことしか成果を挙げはしなかったというのに、最近行なった三回の戦争分の資金があったら、大ブリテン島全体を庭園に、全海岸を埠頭に、都市にあるすべての住宅を宮殿に、掘立小屋を住宅に変えていたはずだ、ということくらい分かるであろう。さて、本論へ立ち戻ろう。

バルセロナのマニュファクチュアはかなりの数である。通りを歩くと、どこにも大規模で活動的な工業の様相が見てとれる[16]。どこへ行こうと、靴下編機のきしる音が聞こえる。絹はバレンシアほどの規模ではないがハンカチーフに、靴下、レース、そしてさまざまな織物に、加工されている。数種類の毛織物もあるが、たいしたことはない。主たる地場産業は取次[17]のそれである。必ずしも多くの商船の母港になってはいないが、取引額は相当なものである。

それにしても、この都市に根づいて繁栄した工業と貿易はカタルーニャ地方全土につらく当たる継続的な宮廷の体制によく耐えてきたものだ。カタルーニャ人たちがオーストリア王家のある君公をスペインの王位につけるために払った有名な努力は、侮辱を感じたブルボン家の君公たちにそうやすやすとは忘れてもらえなかった[18]。重税が民衆にかけられたし、全地方が今日まで非武装化されている。特別許可を受けるか職務柄でもない限り、貴族さえ帯剣できないのである。この決まりが続いているので、この名誉の印をひけらかすには、貴族は帯剣の許可がついた官職、つまり宗教裁判所の捕吏に登録させてもらっていることで知られている。私はこれを聞いた通りに書いているのだが、教えてくれた人が間違っていてくれたらと思う。なぜなら、反乱後八〇年たった今も、貴族はこのような下劣な職に身を沈め、宮廷は優越感を持たせるこのような行為に貴族を駆りたてているからである。なお、反乱は法律上正当な君主とみなした君公への忠誠と映っても、そのような行動は貴族と王権には不名誉とも感じられるものだ。宗教裁判所へ言及したのだから、私たちはそれに当たる聖なる職務の現状について聞いてみた。すると、今では名うての悪党にしか恐怖の対象ではないとのことで、犯罪者を裁くときは宗教裁判官が訴訟を指揮するためマドリードから派遣されてくるそうである。しかしながら、使用される表現と挙げられる事例からみると、宗教とはまったくかかわりのないケースが宗教裁判の対象となっているように思える。[19] 男女が処罰されて然るべき非行を犯すと、介入してくるのは宗教裁判だったようだ。これは決して好ましい情況ではない。宗教裁判は本来の任務、すなわちカトリック信仰への違反を対象とすべきで、その他の公序良俗への違反を対象とすべきではない。どこの国でも、そのためには別の司法組織が存在するのだ。

目下、当地の市場は熟れたイチジク、桃、メロン、そしてもっとありふれた果物でいっぱいである。私は一ペニーで大きな桃三個を買ったが、土地で雇った召使いに言わせると、それは払いすぎで、いかにも外国人らしいのだそうだ。もっとも、当地の果実はイングランドのと同じよい香りはしない。果樹園には、実のついたオレンジの木があり、あらゆる菜園には、ふんだんな野菜がある。当地の冬の気候は年間を通じて青エンドウが収穫できるのだから、想像もつこうというものである。

小ぢんまりとした堡塁を市の南部に眺めることができる。それは海陸で広大な眺望が開ける丘の頂上にある。それは見事に築造され、維持されている。[20] バルセロナには南にこの堡塁、北に要塞があるにもかかわらず、戦時の私掠船[21]は停泊地や岸にすぐ近くのところから漁船を奪いとったものである。

晩には観劇へ。劇場はたいへん大きい。平土間の両脇にある座席（なぜなら、中央部は安い料金になっているから）はたいへん快適である。各々の座席は独立していて、肘掛け椅子に座るのと同じ感じになる。最初にスペインの喜劇が、そのあとイタリア・オペラが上演された。私たちは場内の至る所に聖職者がいるのを見てびっくりした。フランスでは見かけなかった状況である。週に二度、イタリア・オペラが上演され、その他の晩には演劇が上演される。平土間の中央にある腰掛けには、庶民が着席する。いま鉱床《かなとこ》から離れてきたと言わんばかりの、肘までまくり上げたシャツ姿の鍛冶屋に会った。彼はボックス席の貴紳たちと一緒に催し物を楽しんだし、たぶんそれ以上に楽しんだのだった。身なりのよい人はみなフランス風の装いをしていた。しかし、背中にたらした厚手の黒い網レースに髪粉もつけない髪をくるむという、スペイン風のモードを保持している人も多かった。こんなに暑いというのに、これ以上悪い印象を与えるものも、これ以上むかつくものもない。

一八日。バルセロナを出立する際、私たちはふたたび検査を受けた。それは無益だし、わずらわしい。すぐ、灌漑農業のとてつもない場所へ入る。それは見事であったから、その地方全体の評判を高めたに違いないと思う。当地ではラテン語でモーロ人のイチジク、フィグア・デ・マウラとよばれるウチワサボテン類の植物は枝を広げ、曲がりくねり、六、七フィートの高さに育つ。根元近くの大枝は大人の男のももくらいの太さがある。ウチワサボテン類の仲間と多くのアロエが生け垣にはえている。バルセロナから二時間のところにあるバダローナで、初めてブドウ畑に出会う。当地の丘陵は大部分海岸に達している。丘陵が海岸に達していない場合、谷は幅半マイル以上はない。リキウムが生け垣に、オレンジの木が庭園に、数本のヤシの木がブドウの木と一緒にそれらの周辺にある。当地では、すべての土地が囲い込まれ、男たちが生け垣に生じたちょっとしたすき間も修繕している。この海岸地方の勤勉な様子はたいへん際立っている。多数の漁船と漁網。海岸には立派な白い家が立ち並ぶ。男たちが漁場で立ち働いているあいだ、女たちもレースを編むのに忙しい。グラマで食事。途中には、多くの大きな村落と散在する家屋。山中にある見晴しのきくところならどこから見ても、もっと遠い、もっと高い見晴しのきくところが見える。これはモンセラット山から見晴らす雄大な眺めと同じであって、背景のすべてが山であり、谷はどこも大きくはないことを示している。一部はかなり耕作されているある谷間を通過。しかし、四分の一マイルに及ぶ残りの広がりはすっかり豪雨で荒されている。マタローに到着。それは白くて清潔な感じの家屋のある大きな都市で、通りは互いに直角に交叉している。住民はたいへん勤勉そうである。何台かの靴下編機があり、またレース製造者が町中どこにでもいる。どの家にも大きな戸口がひとつある。それは部屋の戸扉と窓の両方の役目をはたしている。気候が温暖だという確かな証拠。書きたくはないがつけ加えると、当地でも、人の頭髪についたシラミの捕りっこがよく行なわれている。

大きな都市、アレニス・ダ・マールを通過。そこでは、造船が有力産業のようだ。糸からレースを編むことが一般的に行なわれている。糸はフランス産である。造船、漁業、そしてレース編みに従事したもうひとつの大きな都市、カネット・ダ・マール。こうした都市はすべてよくできていて、全般的に産業が発展し、それに照応した個人的満足感がただよっている。平坦な土地はどこもよく耕されていて、丘陵はブドウ畑に覆われている。

前者と同じような大きな都市、カレーリャには、いろいろな産業。しかし、旅籠は山中のそれ並みに、臭くて、不潔で、不快な穴倉で、飲食物といったらラバ追い用のものしか置いていない。これでもいま、私たちはパリからマドリードへ行く本街道上にいるのだ。――三六マイル。

一九日。カレーリャを出発。一リーグと行かないうちにもうひとつの大きな都市、ピネーダ・ダ・マールに至り、さらにマルグラット・ダ・マールを通過。マルグラット・ダ・マールは前者ほどよくできていないが、レース編みが盛んである。

当地で、街道は海沿いから内陸の森林地帯へ向きを変える。ザクロの木がきわめて見事な密生した生け垣をなしている。アフリカ人から沿岸を防衛するため丘の上には古い城塞がある。家屋が至る所に散在する。美しい農村部と快適な風景にはなくてはならない特徴だ。ポプラの木が二、三の畑に植えられ、ブドウの木が一方から他方へと地をはっている。ブドウ栽培の農書を読む限りでは、木から木へと掛かるブドウの木の綱飾りを見たら、さぞかし奇麗に違いないと思った。しかし、現にあるブドウの木には、楽しいものも人目を引くものもない。いまや、ピレネー山脈が正面にそびえ、左手にあるとても高い山々はその頂上を雲の中にかくしている。

数マイルのあいだ、荒地とまじりあった農村部を通過。何マイルにもわたっていくつかの広大な丘陵に広がる大きな荒地に至る。それは北方人の目には途方もない光影に映る。荒地は芳香性の植物と美しい花をつける灌木からなっているが、イングランドによくある植物のちょっとした混合群生をともなっている。それは三、四フィートの高さになり、大きく広がったギンバイカ、ジャスミン、スイカズラ、ラヴェンダー、マンネンロウ、ゲッケイジュ、コショウボク、ギョリュウ、シナ肉桂等々である。しかし、当地のこうした厄介物は羊も山羊もいないので、イギリスのヒースより始末が悪い。ラ・グラノタ、さらに何マイルか緩やかな斜面に広がる多数の荒地を通過し、ふたたびイングランドのいくつかの地方に見られるような密生した森林に囲まれた農村に至る。黄色い花の咲くトゲの多いアカシアの生け垣が多数。それは目的に十分かなっている。ジローナ〔22〕へ到着。市壁に囲まれ、二、三の方形堡《ほう》で防備の施された古い都市で、市街地の上の丘には要塞がある。しかし、保守管理が十分でないので、それでは敵軍を三〇分と阻止することができまい。大聖堂があり、司教がいる。その司教さんは私たちが前を通りすぎた際、六頭のラバに引かれた馬車の中から祝福してくれた。彼の収入は二万四〇〇〇フランス・リーヴルである。しかるに、一二〇〇から三〇〇〇リーヴルしかとっていない主任司祭がいる。家畜には十分の一税が課されていない。目ぼしい製造業はないし、農業以外に手立てはない。それなのに、驚くべきことに、カスティリャとフランスの労働者がここへ職を求めてやってきている。——三六マイル。

バニェール＝ド＝リュションでそうであったように、当地でも雪がピレネー山脈に残っている。

（以下、『フランス紀行』の一七八七年七月二一日の項へつながる）

イタリア紀行

一七八九年九月二一日。初めてイタリア旅行を始める。道連れになった二人の軍人のうち、ひとりはひどくくだらない奴で、もうひとりは私にはにぎやかすぎた。——無意味なことに一生懸命打ち込むことくらい、私の神経にさわるものはない。もう私は若くないから、それには耐えられない。道連れに修道士もいた。しかし、彼は自分の同国人に不足しているものの埋め合わせにはならなかった。——粗野で下品で無知だったのだ。彼ときたらフランス語はおろか、イタリア語さえろくに話せなかった。私は辞書を引いて、彼の使う多数のピエモンテ方言を探したが、見つからなくてうんざりし、理解するのをあきらめた。私たちはスカヴェーノで食事をとり、ソスペッロで就寝。スカヴェーノとソスペッロで、私たちはもう一台の乗合馬車の乗客と一緒になった。彼らは私が共同食卓で出会ったことのあるピエモンテの大佐、その弟の神父さん、もうひとりの友人の神父さんで、三人とも育ちのよい、礼儀正しい人たちであった。彼らは私のような外国人にたいへん思い遣りがあって、質問をするとすぐ答えてくれた。私は彼らとのおしゃべりから多くの情報を得たのだった。この旅の最初の三日間は三つの山を越すのに費やされる。今日、私たちはブロス峠を越えた。高地の地形はめずらしいし、野生的で、雄大である。ソスペッロへ降る道は絵のように美しい。――二六マイル。

二二日、友人のピエモンテの老大佐はそれが本当にイギリス的な場合、イギリス人の特性を大いに褒めてくれる。もっとも、彼の説明から推すと、それが落ち着きのない、騒がしい、贅沢な、資産家の若者でない場合である。資産家の若者の場合、彼はいくらか手厳しく批判していた。彼は私の名前とイギリスの住所を尋ね、ぜひ紙に書いてくれと言い、また旅の目的を大いに褒めてくれた。彼にはこの旅が風変わりに思えたものだから、質問攻めにしないではいられなかった。今日、私たちが越えた山は昨日のそれより荒涼とした感じである。山の多くは野性的で、崇高でさえある。サオルゲという小集落と城はまるで家の壁面にできた燕の巣のように、山腹に突きささっていて、この上なく空想をかきたてる。そこを登ったり下ったりするのに、年に何人の人が首を痛めるのか、ついぞ尋ねる機会がなかった。ところで、陰鬱な様相とガラスがまったく入っていないことのため、この集落は空想をかきたてもすれば、陰気にもする。また、こうした山間部の集落には、そうとは見えなくても、それなりの幸せがあるものだが、この景色からはとてもそれが見てとれない。テンダは汚い宿屋のある忌わしい場所である。それでもそれは地区の中心で、この雄大な山にその名がついている。この宿屋ときたら、黒ずんで、汚れて、異臭がただよっているし、窓にはガラスも入っていない。――三〇マイル。

二三日。テンダ峠〔1〕を越えるため、夜明けになったらできるだけ早く、朝暗い四時には出発。そのときには、風はきわめて穏やかであったが、用心のためと言われている。少しでも荒れると、峠越えは標高より位置から、ピエモンテと地中海のあいだを通り抜ける風のため、危険で通行不能になる。山に登る手前のしばらくのあいだ、岩壁につけられた道はなかなか良い。これは巨大な山々や岩峰のあいだに閉じ込められていて、私には、あのピレネー山脈の驚くべき小道に少し似ていると思えたが、あれに比べれば見劣りする。片方の岩壁の表面に、ヴィットーリオ・アマデオ三世[2]の道路建設をたたえる長文の碑銘がある。この旧道はラバしか通行できないが、デュタン氏[3]がテンダ峠を越えるとき利用した道である。新道がたいへん有益で高尚な事業であると述べておこう。ニースから数マイル離れた未完成の地点からリモーネ・ピエモンテまで、建設に三五〇万リーヴル（一七万五〇〇〇ポンド）かかった。荷馬車が楽々とすれ違える角度で急峻な山々を通り抜けられるように、道はひどく蛇行している。一番の悪路はテンダ峠の登り口である。ここは他の道路部分ほど念入りには手を加えられることはなかった。おそらく、工事関係者が山腹にトンネルを掘るという大計画を実行に移しはじめてしまったからであろう。現在、夏道の状態はよいが、冬場に馬車がすれ違うことはとてもできないし、豪雪ともなれば、時にはラバでさえすれ違うのは難しい。長さは約三〇トレブルキ[4]、幅は馬車二台がすれ違うだけの大きさの丸天井のようなトンネルが岩壁に口をあけているが、中ですぐに二つの道に分かれてしまう。往路と復路ということになるが、ひとつの大きな道を掘るより安上がりだと気づいたためである。全体で五〇〇トレブルキ以上の長さになるであろうが、莫大な費用を要するから、それが今世紀中に完成する見込はほとんどなかろう。部分的には、旧道を通っても、全体としては新道を選ぶことになろう。それは国王と国家に名誉となる事業である。

クネオの数マイル手前で、ピエモンテの豊かで美しい渓谷へ下る。それはアルプス山脈とアペニン山脈のあいだにある。それらの山脈はここで二手に分かれる。ひとつの山系はここからカラーブリア地方へたぶん間断なく下っており、もうひとつの山系はコンスタンティノープルへつながっている。まだ作成されたことはないが大いに必要とされる地図に、ヨーロッパの山脈地図がある。それは山脈がどこで接合したり分離したりするか一目で分かる地図である。アルプス山脈とアペニン山脈の分岐点はたいへん狭隘なので、どのような縮尺の地図上でもひとつの山系に見えるであろう。両山脈はドフィネ、ヴィヴァレ、オーヴェルニュの諸地方を通じてフランスのあらゆる山脈と接合しているが、ピレネー山脈とは離れている。私は海から海までフランスのあらゆる山脈を自分で通り抜けた。両山脈がドイツ、ポーランド等の山脈に連なるのだろうか？　おそらく、それらはオーストリア王家の世襲領内にある山脈には連なっている。そうなると、ヨーロッパ大陸には、二つの山脈、アルプス山脈とピレネー山脈しかないことになろう。ノルウェーとスウェーデンの山脈がロシアやポーランドなどの山脈と合流しないとしても、スペインのすべての山脈はピレネー山脈と連なっているのだから。――クネオ〔5〕に到着。ここは守りの固い要塞で、好立地にある。しかし、宿は上等と言われている白十字亭が立派な部屋を提供してくれたが、窓にはガラス一枚入っていなくて、わずかに破れた紙が当ててあった。――快適なものだ！――早く忘れたいものだ！　当地で私たちは老大佐、彼の弟さん、それに友人からなる一行と別れた。彼らはもう五マイル先のチェンタッロにある一行のうちのひとりの地所へ向かった。

共同食卓で夕食。女主人は男と見まがうような背の高い女性である。将校たちは彼女の機嫌をとり結びながら、食事に余念がなかった。連中はそのときイギリスの決闘について、私に無数の質問を浴びせた。決闘は輪になった人垣の中でするのか？　どのくらいの距離で？　馬に乗ってか？　どのようなピストルで？　等々。――三七マイル。

二四日。修道士と将校のひとりはこれ以上先には行かなかった。もうひとりの将校と私がトリノを目指す。クネオを発つと、要塞からのアルプスの眺めはとても美しい。雪に覆われたアルプスの稜線がいまや私たちの左手に見える。なかでもヴィーゾ山[6]はとても高い。チェンタッロで、私たちは例の友人の大佐の召使いに呼びとめられた。彼は私たちが司祭館でココアを飲めるように案内するべく言いつかってきたのだった。大佐の弟さんは聖堂区の主任司祭と首席司祭をしているようだ。私は当地で他に比類のない親切と歓待を受けた。大佐は私たちを食事にひきとめる考えを持ち出した。そして、彼の弟さんは即座に私たちがカリニャーノで泊る予定を、ラッコニージにしてはいかがかと言ってくれた。そうすれば、私たちは彼と食事を共にすることができるのだ。この申し出に、私たちはすぐさま同意した。いまや私には、大佐がブラン騎士団の団員で、弟さんを訪ねてきたことが分かった。弟さんは自分が負担して、素晴らしい、いわゆる司祭館なるものを建てたのだ。その彼は首席司祭として自分の下に二人の主任司祭をかかえている。彼はもてなし上手でもあって、立派な料理の素晴らしい食事と上等なブドウ酒を出してくれて、私がもっと滞在してくれたら、と言ってくれた。これは宿屋を別にすれば、私の経験した最初の家であったから、興味津津で、持てるだけの好奇心と注意力をよび覚まされることになった。

　実践的な耕作者と少し話がしたいと言うと、親切にも一緒に歩いてボニファンテ伯爵のところへ連れていってくれた。伯爵は当地にある自分の所領に住み、それを経営している。すぐ、私にはこの貴族が農業を愛しているのが分かった。というのは、彼が私の質問に答えるのを楽しんでいるように思えたからである。私たちは二時間以上のあいだ、彼と二、三の隣人の農地をぶらついた。私がかなり多くの質問をしたのに、彼はたいへん親切に応じてくれて、できるだけの説明をしてくれた。私がイタリアで今日と同じように収穫のある日を何日も送れたら、さぞかしうれしいだろうし、情報を多量に得られることになろう。チェンタッロはスーザ侯の住いのある地であった。この愛想のよい、もてなし上手の一族と別れを告げる。一族のことを、私は末永く思い出しては楽しむだろう。

　かなりの規模の、きちんとした都市、サヴィリャーノを通過。そのうえ、私の目から見てさらに心地のよいことには、美しい平坦な平野の連続。平野はことごとく地味豊かで、灌漑が進んでいる。二、三の地点からの情景は魅力的である。街道は新たに草を刈りとられた素晴らしい小道のようだ。放牧場はモグラ塚も蟻塚もなく、真っ平である。灌漑のおかげだ！　草はきれいさっぱり刈りとられ、乾草はいまや円錐形に積み上げられている。並木が至る所にある。真っすぐではないので、見た目に心地よい。それは私が一度ならず経験した観察である。平野の豊な地力がもたらした美しさという点では、この農村部くらいよい手本になるところはない〔7〕。その美しさは土地に少しでも起伏があると損なわれかねないであろう。

ラッコニージまでの街道のそれぞれの側には、二列の並木がある。それは二つの日陰を作る道で、月明りでさえとても心地よい。しかし、私の旅の道連れは抜き身の剣を手にし、攻撃されようものなら、いつでも盗賊の胸を貫かんものと身構えていて、日陰を作る道に、心楽しくなるような想像を描いてはいなかった。彼に言わせると、ピエモンテには盗賊が多く、暗闇を歩くのがいつも危険なことにある。そのようなことは政府のせいにすべきである。街道から盗賊を一掃できないなんて、専制主義への痛烈な皮肉ではないか。ラッコニージでは、絹糸を紡ぐ大きな商いが行なわれている。お粗末な宿屋――紙を張った窓等――二七マイル。

二五日。街道をたどっていき、大きな囲い込み農地と多くのポプラの木々のあるカリニヤン大公の別邸の前を通過。非常に広くて便利な渡し船でポー河を渡河。二隻の船の上に台が乗っている。馬車は私たちを乗せたまま、乗ったり降りたりできた。なぜイギリスにはこのような渡し船がないのであろう。トリノの山地近くに来るまで、あたり一帯は豊かで平坦な農村である。現在アルトワ伯〔8〕の居所になっているモンカリエーリ城の前を通過。

トリノ〔9〕へ到着。国王ホテルまで馬で行く。全館満室。イギリス・ホテルへ。全館コンデ大公用に借り上げられている。かみさん亭へ。親切なおかみが迎えてくれた。私はちょうど食事の時間に間に合った。共同食卓には、数名のフランス人亡命者がいた。彼らによるフランスで生じた事件の説明にはぞっとする。彼らは自分の城館から追い出されたのだ。いくつかの城館は炎上したのだった。亡命者と一緒になったので、そのような犯罪を誰が実行したのか尋ねてみた。農民だろうか、徘徊する野盗だろうか？　たぶん、農民によるのだそうだが、そうした悪行の大半の明白かつ大きな原因は国民議会の二、三の指導者の決めた計画と指導にあるのだそうだ。指導者たちときたら高い地位のもうひとりの人物と結託し、またその資金によって、動かされているのだそうだ。その人物とはあらゆる本物のフランス人と正直な人からの永遠ののののしりの言葉と非難の言葉を受けるに値するだろうとのことだ。議会が、国王にブルジョワ民兵の制定を申し入れようというミラボー伯の提案を拒否した際、直後に特使が全国津々浦々に派遣され、全般にわたる警告を伝えたのだそうだ。それによると、大集団の野盗が目下前進しつつあり、アリストクラート層の差し金で至る所で略奪と放火をしているので、民衆に自衛のため即刻武装してもらいたい、ということであった。王国のあっちこっちの地方から後で入ってきたニュースにより、それらの特使はパリから全国に同時に派遣されたに違いない、ということが分かった[1]。国王顧問会議から国王が出したという、その命令が同じように民衆にアリストクラート層の城館を焼き打ちするよう指示して、送られた。こうして、言わば魔術により、全フランスが同時に武装し、農民はそのときからそそのかされて王国の恥となる悪行を犯したのだった。――二二マイル。

二六日。これはこれまでに見た最初の美しさで評判のイタリア都市なので、今日私は全身を目にして注視していた。二、三の旅行者はトリノをヨーロッパきっての美しい都市と表現し、ポー通りをこの上なく素晴らしい通りとした。私は一生懸命になってそこへ急いだ。私はポー通りの真ん中へ来たというのに、それを人に尋ねてしまった。これだ、これだ！とある将校が答えてくれた。彼は両手を挙げた。それはまるで私には見ることができなかったし、本当にそうは見えなかった偉大な美の対象を指摘するためのようであった。通りは直線で広く、ほぼ規則正しい。二列になったレンガ造りの納屋のような建物は非常に均等になっている。家屋のレンガはひどく黒ずんでいる。少数の家屋には化粧漆喰が塗ってあるが、それは古くて汚い。残るすべての家屋の壁にある足場の穴はふさがれないままになっている。いくつかの穴は時がたったため、大きくなっている。穴と穴のあいだにある数段のレンガ壁の目地には漆喰が塗られていない。そのため悪影響を及ぼしている。窓は狭くて貧弱である。ある窓には鉄製のバルコニーがつき――ある窓にはそれがない。歩廊が通りの両側にあるので、美しさを損いはしまいか。アーチには漆喰が塗られているが、それはところどころはげて、白くまだらになっている。歩廊の中には、あらゆる種類のがらくた商品で間口をふさいでいる貧弱な商店以外何もない。街燈が五〇か六〇ヤードおきに設置されている。要するに、ロンドンにはこれに比肩しうる通りが五〇はある。イタリアを旅した人がこの通り見事だと思うなら、私は他の都市でどんな通りと出くわすことになるのであろうか？

ドーラ・グロッサ通りはポー通りよりはるかに美しい通りである。しかし、家並みは桁はずれで高すぎる。薬用植物市場の入口に美しい歩廊がある。それに着想を得て、ロンドンの合同庁舎の新しい建物に歩廊がついたものらしい。通りはほとんどすべて直四角で直角に曲がっている。私はこの光景なら、直角に曲がっていなければ、はるかに美しい効果をあげたはずだと思う。それが直角なため、ひどく単調な感じを与えるのだ。同じ光景がたびたび繰り返されるために、見ていてあきてしまう。

私は画一的な家並みより、多様な家並みをしている都市の方がはるかに印象的だし、感心させられる、と思っている。環状道路、半環状道路、三日月状道路、半楕円形道路、広場、半形広場、そしてこれらで構成され、普通の長方形の道路と混じった複合物が雄大と壮大の様子を大いに与えるであろう。

私がトリノで見たもっとも素晴らしいものは王宮に隣接した城館[10]内の階段と大広間である。ヴェルサイユには、回廊を別にすれば、この城館に比肩するものはない。城館の正面は立派であり、全体がユヴァッラ[11]に敬意を表している。

今朝、私は紹介状を届けたが、生憎である。農業協会[12]の会長パラヴィチーノ侯爵と協会の事務局員ビサッティ氏は二人とも農村部へ行っている。副会長カプリアータ氏に会ったが、彼は実践的な農業家ではない。しかしながら、彼は親切にも農業に精通している二、三の人物に紹介してくれると約束してくれた。こうした期待外れの事態に遭遇して、私は自分の計画に必要な情報を入手できないのではないか、建物の外側だけを見て、中の人について何も知らないような不十分な状況におかれはしまいか、と心配しはじめた。時間的余裕ができてしまったので、私は本屋を探し、ブリオーロ氏を教えられた。彼は当地のあらゆる学術団体の紀要、とくに農業協会の紀要を印刷している。私は協会の紀要を買い、その後調べてみて、トルトーナ連隊の大佐、カプラ騎士の書いた農場の規模に関する論文にとくに注目した。彼は大農場についての手厳しい反対者である。ピエモンテについての批判ではおさまらないで、彼はイングランドも自分の仕事にとり込んで、フルヴィル氏の訳文のなかで言及されている私を槍玉にあげる必要があると思っている。本当のところは、彼は私が書いたこともない文章を訳文から引用しているのだ。私は著者に、槍玉にあげたのはフランス人の翻訳者であってイギリス人の農業家ではない、と納得させたいと思った。私はこの論文の勇み足をカプリアータ氏と心の底から笑ってしまった。

夜分、オペラへ。劇場は一流ではないが、立派である。人はみな田園に行っているというのに、場内はほぼ満員である。

二七日。カプラ騎士がカプリアータ氏に会ったので、今朝私はカプラ騎士の訪問を受けた。私は彼が誤って私の著書『政治算術[13]』から引用していたことを指摘できる機会に恵まれてうれしかった。彼は自分が誤解して申し訳ない、と言った。そして、すぐさま大農場制を激しく非難しはじめたので、失礼だが、私の意見は以前も今もまったく同じであって、農場の規模は無条件に自由にしておくべきだということにある、と指摘しておいた。彼はピエモンテの大農場制に激しく反対した。私がミラノへ行く途中、水田のあるところへ行くと分かるように、大農場制が農村を荒廃させ、人口減少をもたらしたのだそうだ。カプラ氏は丁寧で、自分にできることなら何でもしてあげます、と申し出てくれて、用意万端を整えて調査を手伝うと言ってくれた。ブリオーロ氏は私が誰だか知ると、自分にできる心使いは何でも示してくれた。そして、私が調査に最適と思われる人物と話をかわすことができるように、彼は実践的な化学者で農業協会の事務局長フォンターナ氏[14]へ、大学の植物学教授ジョヴァンニ・ピエトロ・マリアダーナ氏へ、博物学者として英仏を旅したことのあるマリアダーナ氏の助手ブニーヴァ博士[15]へ、私の到着を知らせてくれた。今朝、私はこれらのご仁の訪問を受け、現在のイタリア農業の状況について興味ある意見の交換ができた。ブリオーロ氏のおかげで、アカデミーの会員で農業協会の会員のジョベール氏への紹介をしてもらった。ジョベール氏[16]は土壌の性質と肥料についての論文で賞を受けたことがあった。

国王の宮殿を見物。それはたいして華美ではなかったから、自然観察者の胸中に不快の念を催すことはなかったし、宮殿造営のため圧制を受けた地方なのに、その痕跡はみじんも見られなかった。多数の絵画のなかで、とりわけ私が気に入ったのはロレンツォ・サッバティーニ[17]作の『聖母、キリスト、聖ヨハネ』、フラ・アンジェリコ[18]作の『マルシアスの皮をはぐアポロン』、カルロ・チニャーニ[19]作の『ヴィーナス』、ヘラルト・ダウ[20]作の『病る婦人』、サッファ・フェッラータ作のラッファエッロ風の『聖母とキリスト』である。ファン・ダイク[21]の作品はこのコレクションのなかでたいへん輝いている。見事に仕上がった『チャールズ一世の子どもたち』がある。男性と女性が座っている。しかし、とくに『馬上のトマラソ・ディ・カリニャーノ大公』は表現の新鮮さと力強さのため、実に見事である。

夜分、オペラへ。日曜日なので場内は満員であった。上演作品は『勇敢なウグイ』[22]。第一幕には、コンチーニとガスパーラによる心地よいデュエットがある。

二八日。早朝、モンカリエーリへ徒歩で向かった。ピエモンテのウインザー城とも言うべき王宮[23]は丘の上にあって、際立っている。——ポー河の気高い景色と豊かな耕作の舞台が見張らせる。食後、馬に乗って王室の墓所[24]があるスペルガへ。そこでは、君主たちの遺体がサン＝ドニの大聖堂に安置されたブルボン朝の君主たちより厳粛に眠っている。思うに、塔からの見晴しはヨーロッパでもっとも美しい、農業家のよろこぶ景色である。ピエモンテの大部分の国土を地図の上と同じように俯瞰することができる。そして、目は八〇マイルかなたのミラノを捉えることができる。全景は他のどこにも見られないような山脈の稜線で縁どられている。——それは山脈に積もる莫大な量の雪であって、描くより想像する方が容易である。

二九日。今朝、ブリオーロ氏がグルリアスコに連れていってくれて、ブラッコ氏の選定による農地を見せてくれた。そのために、ブラッコ氏にカプリアータ氏が話をつけてくれたのだ。私たちはスーザへ通じる見事に植林された街道を歩いていった。私はトリノの本屋さんが兼業だが農業家であって、かねてから私が訪ねたいと思い、将来偶然に出会うかもしれない人々に合わせて頭の中で整理しておいた有益な質問の数々に答えてくれてうれしかった。私たちは一緒に村のひどい穴倉のようなところで食事をしたが、そこは気持ちを満たすより人を傷つける方であった。食事が終わると、私たちは勇んでブラッコ氏に会いに出かけた。彼は私たちに二、三の灌漑された放牧場を見せてくれて、詳細な点をすべて説明してくれた。その後、家までやってくると、案の定、農業家か分益小作農の代わりにほれ！　私はどんな農家よりも優れた構えの大きな家を見つけたし、彼が名前は知らないが国王と宮廷ご用達の宝石商たるあるご仁の土地管理人なのを知った。この点について、彼はぎこちない説明をした。そのうえ、私はこのご仁が私の来訪を二日前には知っていたことが分かった。——取り繕うために、私たちをしばらく待たせた後、ご仁は姿を現わした。私は中へ入るよう促された。——炎天下を歩いてきたとか、ひどい食事にうんざりさせられたとか、はては宝石商の顔つきが気に入らなかったとか、どれが問題だったか分からないが、私は失礼したい、と言い出し、それを押し通した。田園の別宅にいる裕福な市民などという手合は私に言わせれば気の許せない奴である。――彼が自分は農業家だと言うなら、そして農業とかその類の何かについて話しをするなら、こちらも別の態度をとったはずだ。しかし、私は出し抜けに、たいへん不作法なやり方で出発した。夜分、『気高い羊飼の娘』[25]のなかのいくつかの美しい楽節のおかげで、私は気分がよくなった。

三〇日。事務局員のビサッティ氏がトリノへ戻ってきた。私は彼の訪問を受けてうれしかった。彼は私を大学やこれまで私が見にいっていない二、三の場所へ連れていってくれた。カプラ氏はもちろん、ブニーヴァ博士は仲間と共に好意を示してくれた。件の騎士カプラ氏は、プライス博士[26]の学派が生んだいかなる人物にも劣らぬほどの悲観主義者である。ピエモンテは、たとえ私がカプラ夫人に言及して話をそらしても、自然とそれが農場問題に戻ってしまうほど豊富な例を提供しているのだ。しかし、大農場制と小農場制のあいだに生じる対照くらい、政治で好奇心をそそる問題はない。

たいへん素晴らしい宮廷がある。宮殿は整然としている。陸軍は（装備が均質ではないが）兵力三万人である。要塞[27]は多数あり、なかには世界でも一流の要塞もある。フランスの王族たちを手厚く立派にもてなす余力もある。こうした一切の事柄がフランス価に換算すると、三〇〇〇万リーヴルで実現されている。先代の国王の時代のサルデーニャとフランスを比較していたら、前者の経済的優位はさらに明白であろう。フランス国王には六億リーヴルの国庫収入があった。すなわち、二〇倍である。それゆえ、同じ比率で換算すると、フランス国王はあのような宮殿を二〇、ピエモンテには宮殿が五つあるので、もっと正確には一〇〇の宮殿、二〇の宮廷、六〇万人の陸軍を所有することができよう。しかし、これに代わる二人の国王の宮殿と宮廷とのあいだの、誇示と虚飾とのあいだの、違いは国庫収入の四分の一の比率にはなっていない。サルデーニャ国王軍については（比率を変えないなら）、それはフランスの国王軍より六倍強力ということになるが、実際の実力差はそれ以上である。なぜなら、この国の負債がわずかであっても、フランスのそれは巨額であって、赤字だけでサルデーニャの全国庫収入の五倍以上になるからである。

一〇月一日。目下のピエモンテの政治状態は大半が国王の個人的性格にかかっている。彼は取り柄のない連中に大いにつけ込まれていて、呑気でお人好しとみなされている。そのため、才能のある者や能力のある者がふさわしいポストに就いていないで、もっぱら引き籠っている。彼はしばしば財布に札束を入れて持ち歩き、夜になってもお札を人にくれてやっていないと、すっきりしないと言っているそうである。しかも、こうした体たらくは国庫が空っぽで、軍隊が装備不十分で給与も未払いのときのことなのだ。こうした行為は陛下の前任者たち、歴代君主のそれとは著しく違っている。なぜなら、周知のように、歴代君主はよき倹約家であって、十分覚悟していたので機会をとらえて政治状況をとくに有利にすることができたのだった。そうした機会は別の統治体制のもとだったら、結果を生まなかったに違いない。現国王の動機は立派なものである。だがそうした類の善良さは王座にいる人より私人にふさわしいのであり、実は王座にいる人の施策の欠点はすべてこの心の善良さに発していると言えよう。この欠点がピエモンテの君主にあるとは思えない。彼はむしろ宗教的色彩の濃厚な分別のある人とみなされている。彼の宮廷における振る舞いくらい調和がとれて作法にかなったものはない。どんな放縦な楽しみもここでは黙認されないし、放蕩のようなものは少しも見られない。アルトワ伯がどうやって時を過ごしているかを知るのは簡単ではない。ヴェルサイユ宮殿の中で退屈を持て余していた君公には、栄光を失わないで楽しむ方法がないため、ヨーロッパの宮廷の中で、状況はどうであれ、彼の気持ちにとって、ここほど不適切な宮廷はないと思える。

二日。乗合馬車でヴェルチェッリへ。こうした旅の方法で唯一のよい点はゆっくり進んだり、好きなだけちょくちょく停車したりできることだと思う。私は行程の大半を歩き通したし、ちょっとした坂があるとき以外は、全般的に馬車より速く歩いた。ヴェルチェッリ近くの水田所有者で米の栽培者でもあるある貴人が私たちと一緒に食事をしたが、彼は話好きであった。――四五マイル。

三日。ノヴァーラまで一面の水田。一部はまだ稲刈り前である。至る所で稲を脱穀している。私たちは米を積んでいる落ち穂拾いの連中に出会う。見た目にも健康にもよくない、ひどく汚い農村部だ。樹木には、強盗が一本当たり一名絞首刑になってつるされている。それは平野部の森林の多い地方に固有の暗く、やっかいな問題である。深くて、水の澄んで流れの速いティチーノ川を渡河。この川がサルデーニャ国王の領土を神聖ローマ皇帝の領土と分けている。ボッファローラで、今まで建設された灌漑用水路で最大級[28]の大水路を渡る。マジェンタで就寝――三〇マイル。

四日。日曜日。ミラノへ午前中に到着。この大都会は平坦な地のなかにあり、樹木がうっそうと茂っているので、市内の通りへ入るまでミラノへ着いたとは気づかない。井戸屋旅館へ。ちょうど愛国協会の事務局長アモレッティ師[29]を訪問できた。私はド・ブルソネ氏[30]とロンドンのソンガ氏から彼宛の紹介状を持っていたのだ。私は神父がクジーナ侯の邸宅に立派な居室を構えているのを知った。学者が一個のがらくたのように屋根裏部屋へ押し込められていないで、素晴らしい居室にいるのを見て、これはふさわしい、と心の中で思った。それはイタリア貴族たちの美徳である。私は四、五〇立方フィートの大きな広間を通って彼の居室へ入っていった。部屋は約三〇立方フィートの広さである。彼はおっとりとした感じのよい上品な態度で迎えてくれたが、それは人にすぐ気に入ってもらえる類のものだった。まもなく、彼は私に答礼の訪問をしてくれた。私には彼が感じのよい、情報に通じた、面白い性格のように思える。王室御用の天文学者、オリアーニ師[31]も訪問。彼は私に何でもお役に立ちたいと言ってくれた。

夜分、オペラへ。非常に立派な劇場[32]。これまで見たなかでいちばん大きいし、美しい。舞台と飾りつけは美しい。日曜日なのに、場内を見てびっくりした。というのは、多くの人が田園へ行っているのに、四分の三も客が入っているからだ。——ミラノのような都市がどうやって客を動員できるのだろう？　六列の枡席があって、一列当たり三六席ある。最上等の三列は一枡席当たり四〇ルイ・ドールで貸し出されている。これは商業も有力製造業もない内陸の都市には信じられないことである。それをなし得るとしたら農業だけである。私は平土間の設備に満足している。身じろぎできるくらいの余裕がある、広い、ゆったりした肘かけ椅子に座ることができるからだ。若い人は狭いベンチにくくりつけられても我慢できるが、私は年をとって楽をしたくなっている。好きなように座れないなら、そこには座りたくない。――一〇マイル。

五日。朝、ビニャーミ氏とヴァッサーリ氏へ、また問屋商人たち、つまりツァッパ氏たちへ、紹介状を渡す。ツァッパ氏たちから、私はミラノの輸出品等に関する情報をもらうことになる。夕方、農業協会（愛国協会とよばれている）へ。会員である私にとって幸いなことに、今日協会では例会が開かれた。ヴィスコンティ侯が議長席に座り、一〇人か一二人の会員が出席している。アモレッティ師は全会員に私を紹介してくれた。私はこの手の協会には多くを期待しないことにしている。このミラノの協会は、今日はボタンと一対の鋏について時間を費やしていた。ここではイギリスの金物類と張り合うために、それまで以上に美しい金物類を生産し、輸入品額を減らそうと思っているように思える。輸入品額はあらゆる障害にもかかわらず、非常に莫大になっているのだから。その発想はもともと政府から出ている。政府の小才《こさい》のきく連中には感心する。本当に小間物の行商でもしようかという精神が目下ヨーロッパ中に広まっている。ミラノの職人がボタンと半分だけ鋏を作っていた。半分はイギリス製で、もう半分は彼自身の製造である。製造のため、彼は要求して報酬を得ていた。どこでも、協会の目的は似たりよったりである！　イギリスでは、大黄、絹、そして条《すじ》播機で大童《おおわらわ》であった。――パリでは鬘と蝶で大童であった。――そしてミラノでは、ボタンと鋏ときた！　私はフィレンツェの農芸学会が髪型の蝶結びにでも取り組むのを見たいものだと思う。私は辺りを見廻して実践的な農業家が部屋へ入ってくるのを見たいと思ったが、無駄であった。ご立派な侯爵様、伯爵様、騎士様、神父様がおられるだけである。いれば会合に箔がつくのに、刈り込んだかつらをぴったりとつけた学者も、汚れた半ズボンをはいた現業部門の人もいない。

　ブレダ宮のイエズス学院があった場所には、華麗で使い勝手のよい多くの居室がある堂々とした建物が出現した。ヴィスコンティ侯が私を田園の別宅へさそってくださった。また、カスティリオーニ騎士は博物誌の観点からアメリカを旅行したことがあり、その旅日記を刊行するつもりでいるが、自分の兄の伯爵のところで私にすぐにも会いたいものだと言ってくれている。

　ミラノはたいへん物価の高いところだとみなされてきた。好きなだけ注文し、勘定書をホテル側に預けたままにしておくなら、そうなるかもしれない。しかし、好きなだけ注文するような方法ではとてもやっていけないので、私はイタリアには共同食卓が少なくて、ミラノでは一日イギリス価四シリングに相当する六リーヴルないし、一エキューかかるので、ホテルとの話し合いで自分の部屋で正餐と夕食をとり代金を払うことにしている。オペラ劇場の平土間は二リーヴル五スーで、朝食に代わるコーヒーは七スー、しめて一日約五シリング八ペンスである。しかし、建物等を見物すると何がしかかかる。私はうんざりしているスープ、嫌いなマカロニ、ぞっとするパスタを別にしたら、この値段で結構よいものを出してもらっている。私は本でイタリアの宿屋がぞっとするほどひどいとさんざん読んできたので、たとえば、トリノとミラノのような大都市ではフランスのそれと同等の立派な宿屋があるのを知って驚いている。だが、私は当地でいちばんよい宿屋にいるわけではない。――というのも、思うに国王旅館と皇帝館が一流であることを知っているからである。私はトリノでは最高級の宿屋へいたわけではなかった。しかし、大都市と大都市のあいだに挟まれた村の宿屋はひどく質が悪い。フランスでは、めったに男性に給仕されることはない。イタリアでは、これまで女性に給仕されることはない。私はフランスの習慣の方が好きである。書店を探し、期待していたよりも多くのイタリア語による農業についての論文を見つける。

夜分、オペラへ。平土間がたいへんゆったりしていて快適なので、立派なラウンジをなしている。ソファと椅子は数のうえで多い。座席番号を付した入場券が手渡される。しかし、出演者は貧弱である。演目はあの美しい旋律の作曲家、チマローザ[33]による『みじめな劇場支配人』であった。作品中に五重唱曲があるが、きわめて楽しい曲で拍手喝采を繰り返し浴びる。

六日。今朝、アモレッティ師は私を皇帝陛下の宮廷顧問官ベーケン氏へ紹介してくれた。アモレッティ師の親切な行為と心尽しはひとかたならぬものだから、忘れるようなことはない。それから、私たちは一緒に六、七マイル離れた農村部のパヴィアへ向かう街道沿いにあるヴィスコンティ侯の農場へ行って、ローディ産のチーズの作り方を見物した。全工程に立ち会った。作り方はイングランドのやり方とまったく違うので、このロンバルディア産の製品を他の製品より優れたものにしているのはこのやり方にあるかもしれない。チーズと調査にまる一日かかってしまった。そのため夕方五時になって、私たちはミラノへ帰ってきた。彼らは私とこのミラノの井戸屋で食事をした。流しの楽団が窓の下で非常に有名で、非常に立派な、イギリスの領主のためにセレナーデを奏でてくれた。今日は私の気持ちにかなって、農業以外を話題にしないですむ長時間に及ぶ活動的な午前中とそれからの正餐で時を過ごした。ベーケン氏は分別のある、よく情報に通じたドイツ人で、農業の重要性を認識している。アモレッティ師とは会話を通じて知性の力で仲間を勇気づける人なのだ。

七日。ヴィスコンティ侯とアモレッティ師に同行し、ミラノの北約一六マイルにあるカスティリオーネ伯の農村の別邸モッツァータへ。市街地のすぐ近くでシャルトル会修道院を見物しに立ち寄る。そこは皇帝が収入を差し押さえ、修道士を追い出してから、弾薬庫に転用されていた。途中でローの立派な教会とライナーテのリタ侯の別荘を見る。その別荘にある庭園は有名である。イタリアの趣味はフランスで私たちが味わったもののまぎれもない源《みなもと》であった。しかし、装飾は高度に進んでいる。大理石の溜池と美しい立像はその場にとてもふさわしい。噴水、寺院、列柱、それにほとんど母屋とつながった建物、さらには格子模様が入って刈り込まれたあずまやと散歩道、何マイルにもわたって刈り込まれた生け垣——保守の十分でない歩廊と砂利道、それらは豊富にある。作って維持する費用は莫大である。松林がある。ミラノ公国全土で、ほかに五カ所か六カ所の松林がある。モッツァータに到着。伯爵夫人はいわゆる育ちのよい善良な婦人で、淑女の持つあの気取りと衒《てら》いがない。私はカスティリオーネ伯に会うや、すっかり彼が好きになってしまった。彼の顔つきは感じがよい。すぐ見てとれる感じのよさが敏捷と活気とないまぜになって、人に一緒にいても時は無駄にならないと悟らせる。期待どおりだった。彼はすぐに私の旅の本題に入ってくれた。そして、私は彼が実践的な農業家であるのを知って、とてもうれしかった。食後、私たちは彼が大変な良識と熱意を持って作ったかなりの規模の農場へ出かけた。伯爵は私に農場の一部を見せてくれた。——しかし、こちらの方は成功しているとは限らない。晩に、ほかの仲間がトランプをしているあいだ、彼はほとんど何でも近隣の農業等に関する私の多数の質問に答えてくれた。

翌朝、朝食後、私はミラノへ戻った。イタリア貴族を農村の別宅へ今回訪問していちばん私の心を打ったことは、どこの国でも暮らし方と習慣がそっくりだということにある。食卓、サーヴィス、家庭、生活様式には、イングランドやフランスで同じような地位にあり、同じような資産を持つ人で変化する状況というものはほとんどない。しかしながら、フランスの習慣だけが際立っている。同じような地位と資産を持っているのに暮らしぶりと習慣が違う状況を見つけるには、それこそトルコ人の国やダッタン人の国へ行かねばならないと思う。なぜなら、地位のある人々はスペインでさえ、同じ習慣であるからだ。かくて、自分の感想を記録する旅行者は読者から公平な裁きを受ける立場に立たされるのである。要するに、それは忠実に記録する人はありふれた物事に注目すべきであって、好奇心を満たすような異例なことに注目すべきではない、ということだ。私たち自身の習慣に反するためびっくりさせられる予期せぬ出来事に注目する人々は的はずれの人に違いない。なぜなら、地位や資産のある人々のなかでは、ヨーロッパの習慣が同じだということは疑う余地がないからである。また、下層の連中のあいだでの習慣の違いも、見かけだけで実際はそうでもない。

私はこの一家にすっかり満足している。伯爵夫人は善良な婦人である。なぜなら、彼女は子ども、夫、そして郷里を愛しているからである。彼女の夫には、生気、活気、頭の回転の素早さ、それに農業へのあの関心ぶりがある。あの関心ぶりこそ私に彼の隣人になりたい気持ちを起こさせたのであった。戻る途中で、クジーナ侯の別荘デシヨに立寄る。それは私の好きな様式でできている。別荘の建物はそれほど大規模には作られていなくて、それなりに家具がそなえられている。部屋は華麗というよりエレガントで、――見栄えがするというより快適である。イタリア一の仕上がりだと言われている蠟画法で描かれた画の掛けてある居間がひとつある。三階には、一三の寝室、それぞれに召使い用の小部屋、それに小さい納戸がある。部屋はすべて快適で、清潔で、イギリス風の雰囲気で、華美に走らず小ぎれいなので、床板がレンガの代わりに樅板《もみいた》でできていたら、私は自分の国にいるような錯覚を起こしたであろう。私は、イタリアでは清潔な家にはお目にかかれないと信じ込ませる旅行記を読んだことがある。それがかつて本当であったとしても、事態は十分変化しているのである。私は主人が好む以上にこの別荘が好きである。なぜなら、彼は当地に一度に二週間いることはめったにないし、二週間の滞在は頻繁ではないからである。庭園はその手のなかでは素晴らしい方である。二〇フィートの高さにのびたレモンの木々は格子桁の枠にはめられ、オレンジの木々は垣根仕立てになっていて、どちらの木々にも枝もたわわに実がなっていて、北方人の目には並はずれた印象を与える。しかし、木々は冬季にはすべて温室に入れられる。松林もある。コモ湖で獲れた一ポンド当たり三リーヴルする二八オンスの重さの新鮮な鱒の料理を村で食べる。晩にミラノへ戻る。その遠出は私の主たる関心事には有益で、あらゆる目的を取り繕ったり、隠したりするのに好都合な理由にもなれるものであった。ファガーニ公爵夫人〔34〕の家の前を通る。彼女はイギリスに長いことといたことがあり、あの風変わりなスターンがミラノで出会った夫人なので、当地では有名であった。彼女との出会いを、彼は愉快そうに描いたものである。――三二マイル。

九日。今日はミラノにある二、三の事物を見物に行くのにあてた。そのため、ベーケン氏は親切にも私の案内人になることを買って出てくれた。朝食後、彼は軽装馬車を提供してくれた。私たちは五時まであちこちへ出かけた。これまで建物と絵画がしばしば十分に描かれてきたから、当代の旅人には何か新味があれば、それを詳細に語るという以外何も残されてはいない。私は自分がいちばんよいと思った事物を数語で書き留めようと思う。私は大聖堂[35]についてこれまでさんざん読んで、大いに期待してやってきたが、何も印象に残らない。ロンドンのセント・ポール大聖堂とヴァティカンのサン・ピエトロ大聖堂を基準にして、大きさを測る方法がある。その方法でだと、ミラノの大聖堂は大きいから同じ部類に入るようだ。しかし、セント・ポール大聖堂と比べられる人が見れば、それは子どものおもちゃのような物である。

多くの彫像のなかで、色のはげたサン・ロレンツォ・マッジョーレ教会[36]のそれがいちばん美しい。ペレグリーノによるサン・フェデーレ教会[37]の建築様式はなかなかよい。教会には、花崗岩の柱が六本ある。そして、サン・アレッサンドロ教会にも、別の見事な柱がある。しかし、私は教会よりむしろ好ましい会うべき人、博物学教授のピーニ神父を見つけ出した。彼は大規模で貴重な化石の収集をしたし、独学に必要な手段を講じ、大いに旅し、大いに経験を積んだのだった。サン・チェルソ教会には、ロレンツィ[38]作の褒めすぎることのない『アダム』と『イヴ』の二つの立像とフォンターナ作の『マドンナ』の立像がある。二人のプロカッチーニ[39]作の、人を立ち止まらせるそれぞれの絵もある。大病院[40]は広大な建物である。それはかつてミラノ公であったスフォルツァ家の人々の宮殿であって、フランチェスコ公により病院用に寄付されているのである。それは一〇〇万リーヴルの純収入があり、目下一三〇〇人以上の患者を収容している。九世紀に建立され、ゴシック様式より古いロマネスク様式のサン・タンブロージョ教会[41]では、私たちはシャルルマーニュより前の、七二一年と年代の入ったリウトプランド[42]の手書き文書とロタール[43]のそれを見せてもらった。文書に農業の記録が含まれていたら、もっと興味をそそったかもしれない。魂を救ってもらうため、修道院へ寄進する記録は私にどう役に立つのだろう。その魂とはきっと修道士のたわしで大いに磨き込んで、光沢を出す必要があるのだろう。たぶんミラノきっての有名な人間精神の所産はレオナルド・ダ・ヴィンチ作の『最後の晩餐』[44]である。それは感性しかない無知な人のための絵ではないから、その真価を理解できる芸術家によって研究されて然るべきである。サン・タンブロージョ教会の図書室を視察。

一〇日。一般に、イタリアの天気は両極端であると思う。過去三日間、ほとんど絶え間なく雨が降り続き、今日は土砂降りである。私はフランス製の馬車を売却するという情けない失敗をして、それがますます身にしみる。なぜなら賃貸や乗合馬車に頼ろうにも、実に不快なのだから。私は明日、ローディ等に行きたいと思う。結局、馬と二輪馬車を見つけるのに手間どり、一日七リーヴル半でやっとひどい代物を手に入れることができた。――晩にオペラ劇場で、ベーケン氏が平土間にいる私のところへやってきて、ミラノきっての美女のひとりに紹介してもらいたいと思うか、と尋ねてきた。もちろん。彼は私をランベルティ夫人の仕切席へ案内してくれた。彼女は若くて、生き生きとした、美しい女性で、ゆったりとしていて気取らない陽気な感じで口をきいてくれたから、つい農業家でさえ彼女の愛人になるのも悪くないという気持ちにさせられてしまう。しかしながら、その役目の人は別にいる。その人は夫人と向かい合った仕切席の最前部にある貴賓席に座っていた。——軽食——夜食——素晴らしい社交の集い。愛人を持つことについて言うと、その習慣はミラノでは盛んなようだ、と言える。少数の既婚女性だけがこの身分に必然的なものを持っていない。今夜はめいめい自分の愛人につきそった多数の男性が集まっていた。私はあるイタリアのご仁に、なぜ愛人の立場にならないのだと尋ねてみた。彼は自分が愛人にはならないと答えた。どうして？　仕事や他にやりたいことがあれば、それに時間がかかりすぎるのです。男性は随意とり替えられている。女性たちはそれを、ふさわしいとは思えないやり方で愛人がこれまで以上に出しゃばってきた場合、引きとめるより別れた方がよいのだ、と説明している。

一一日。ローディまで、二〇マイルに及ぶ土地を通る。それはイングランドではとても思いつかない驚くべき灌漑事業によっている。ローディで、私は世界の真ん中に自分がいるのに気づいた。それはオペラ・シーズンが終わる市のたつ日の晩のことだった。近隣の都市から多数の人々を引きつけたので、修道院を改修したコルンビーナ屋という大きな宿屋は一時間で満室になった。夜分には、オペラ劇場は豪華に飾りつけられた。——私たちは公爵とその妃を三〇分待った。場内はろうそくの光で十分明るかった。私には斬新だった。なぜなら、普通イタリアの劇場は暗くて、ほんのり見える程度だったからだ。それは小ぢんまりしてはいるが、今年新築されたばかりのたいへん優美な建物である。装飾はさっぱりしている。しかし、所有者に仕様をまかされている仕切席は派手な外観でお金がかかっている。仕切席は鏡、ニス、金箔で美しく飾り立てられている。内部を照らした明りが仕切席を明るくしていて、観客が大勢、着飾って座っている。ダイヤモンドが場内のあちこちで輝いているが、楽しみへの期待はフランス人やイギリス人よりイタリア人の眼の中に生きづいていて、一目で浮き浮きとした感じのよいものになっているのが分かる。人口がせいぜい一万人か一万二〇〇〇人しかいない小都市なのに、かくも多数の踊り子、衣装、舞台装置等が配されるとはびっくりした。大変ににぎやかなお祭り気分で夜がふけていった。みんなが上機嫌のように思えた。楽しんで興奮して、ふだんより盛りあがっているように見えた。というのも、イタリア人の表情にこの国の一大特色が現われているからである。私には、この光景がますます気になる。なぜなら、私はこれを政治的観点から見て、注目に値すると思っているからだ。ローディは商業もなければ製造業もない、とるに足らないところである。——そこはそのどちらもないし、海とのつながりもまったくないと言える公国の一部である。だが、ローディの劇場くらい見事に作られ、飾り立てられ、人を収容することができ、設備が施されているそれを持っている都市はたとえ人口が二倍あっても、フランスにもイングランドにもない。——商業と製造業がもたらす最良の品や贅沢品をもってしても——つまり、ローディと同じ規模の都市にあるあらゆる鉄と鋼鉄品——羊毛やリネン——絹、ガラス製品、ポット、磁器などをもってしても、ここに並べられているバターとチーズには及ばなかったのだ。水、クローバー、乳牛、チーズ、資金、そして音楽がある！　これらは——イタリア人の[45]気持ちを楽しみへ変え、統治の秘訣を北方の政治家へ教える触媒なのだ。もし、私のそばに娘のボビンがいたら、今宵はさぞかし爽快であったろう。私は自分のそばに彼女がいるかのように思い描き、彼女の喜びの表情を想像し、笑顔、質問、そして喜びを連想するのだった。実を言えば、いろいろと想像をめぐらすということは、私などよりは彼女の年齢にふさわしいことだった。――二〇マイル。

一二日。私は竜騎兵の中尉マイエール氏宛の紹介状を持ってきた。昨日、彼を訪問した折、彼はドン・バッシアーノ・ボーナ・ノーマ騎士に紹介してくれた。その騎士は今日私をローディ近くの有名な酪農場に案内してくれる人を見つけてくれる、と約束してくれたのだった。彼は約束を守った。彼の紹介により、私は二つの酪農場に紹介され、チーズ製造に立ち会った。酪農場のひとつには九〇頭の乳牛がいる。午後、平坦地で独特の様相をした一五マイルを通り抜けてコドーニョへ。その平坦地には生け垣はなく、堀割が張りめぐらされている。堀割のどちらの側にも枝を刈り込んだポプラの木と柳の木の並木がある。これらの木々の梢は草地がとても狭いので、かさなって森林をなし、梢にかくれた部分を詳しく調べてみると、私が見たことのあるタッソー[46]の謳った森を描いた版画に似ている。しかし、梢にかくれた森には、版画ほどの荒々しさや魅力がない。

ここに住むのは魔女でも妖精でも騎士でもなく、乳牛とカエルである。カエルの鳴き声はセネフィーノの最後の夜を飾る歌声としては心地よいものではない。実際、この地方は人間よりもこうした乳牛とカエルが棲息するのに適している。全体が水を含んだ湿地である。堀割は無数。あちらには水、またこちらには泥土。気候は暑いときている。水生植物群が繁茂して風通しが悪い。至る所で人が不健康になったり病気になったりしていると思う。かなり人口がいるにもかかわらず、散村形態のために、全体が静かでさびしいし、無数の刈り込まれた木々で覆いかくされている。柳の木、堀割、泥土、そしてカエル！　これらは昨晩の情景とはまったく異なる特色である！　だが、こうした情景はさえずるように歌い、美しい気まぐれな足どりで舞う肥沃さをともなっている。

コドーニョで、著名なチーズ商人、ビニャーミ氏を訪問。私はついていた。多数の仲間がその夜彼の家で過ごしていたのだ。彼はそのなかから牧草と乳牛について熟知した人たちを選んでくれた。そして別の部屋へ移り、彼らは親切にも彼や息子と一緒にしばらく時間を費やして、私の質問に答えてくれた。彼らが質問に答えてくれた自発的で感じのよい態度がおおらかさとか丁寧さからきていることに、私はハッとして気づいた。

コドーニョは八〇〇〇人ほどの小ぎれいな都市である。当地では、劇場にも（なぜなら、それは途方もないからだ）注目すべきだ。今年、もうひとつの劇場が新築されたのだ。それはローディの劇場ほど大きくもないし、けばけばしく飾り立てられてもいないが、外形はもっと感じがよいし、便利である。それは円形に近い。一流の歌手や踊り手用に隣り合った部屋があり、それらは劇場亭という上品な旅館とつながっている。――一五マイル。

一三日。今朝、ビニャーミ氏は親切にも農村部にある良質のチーズ作りで注目すべき、代表的酪農場のひとつを調べておいてくれると約束してくれた。幸いにも、そこの経営者は話好きで、鷹揚にできていて――私たちをすぐ現場に案内してくれて、乳しぼりの男へ私の質問に答えるよう伝えてくれた。私たちはチーズ作りに立ち会い、それから農場を歩き廻った。農場で働いている人たちは気張らずに自然に働いているようだった。たいへん親切だった案内者たちに別れ、ヴェネツィア共和国のクレーマへ到着。当地にも新築のオペラ劇場。ロンドン出身のあの有名なマラー〔47〕がプリマ・ドンナ。観客は彼女の歌の高音部を堪能しているようには思えなかった。――にもかかわらず、彼女は大喝采を浴びた。抜群の歌唱力が難しい楽節で大いに発揮されると、観客は楽しむというよりむしろそれに驚いている。心に滲みるアリアは詩人が、のびやかな美しさ、と呼ぶもので、音をはずさない程度に、流れるようにメロディーを連続させるものである。イタリアのこの地方における劇場は驚くべき数にのぼる。ミラノには二つの大劇場、二〇マイル行ったところのローディには別の劇場、一五マイル行ったコドーニョにはひとつのそれ、一〇マイル行ったクレーマにはもうひとつ、一〇マイル行ったピアチェンツァにももうひとつ等。――にもかかわらず、商業と製造業はとるに足らない。――一六マイル。

一四日。一〇マイル以上も同じような農村部を通ってローディへ。ヴェネツィア共和国を通るあいだは悪路。しかし、ミラノ公国へ入るや、素晴らしい道路に出くわす。ミラノへ戻る。――三〇マイル。

一五日。農村地帯は平坦なまま続き、その大半には灌漑が施されているが、ローディ並みの努力は払われていない。一帯はすべて柳の群生地をなしている。私たちの立ち寄ったヴァプリオは貧しい土地柄で、汚い、貧弱でみすぼらしい旅籠がある。当地で、私は座って辺りを見廻すと、気持ちが滅入ってしまうような部屋に閉じ込められている。ペン、インク、そしてノートを前にしながら、書く気が生じない。私は来る途中で心の中をよぎった二、三の事柄を書くのにペン等がいる。ところが、何も書けないのだ。一〇語を正しく書くのにも信じられないような努力が必要だ。周辺の状況がよくなかったり、不愉快な場合、私は満足のいくような文章をものの三行も書けたためしがなかった。清潔でこざっぱりした居室、心地よい炉辺、ペース状のスープよりはましな食物、それにまあいけるブドウ酒があれば、心に明りをともし、着想を豊かにすることができる。私はまだアモレッティ師の労作をどれも読んだことがない。しかし、彼があの優雅な居室で、身のまわりに安楽で贅沢な環境をそなえながら、うまく書けていないとすれば、私はいつも彼の心意気を大したものだと思っていたが、彼の頭脳の方はあまり評価しなくなるであろう。このヴァプリオの部屋はクザーニ宮殿内の彼の部屋とまったく違うのである。私には、いわゆるベッドという、ノミとナンキンムシの巣窟にながながと寝そべって、物を書くなどということは到底できない。――二〇マイル。

一六日。夜半に大雨が降ったので、アッダ川が大増水して馬車では渡船場にたどり着くことができなかった。そのため、私たちは減水するまで四時間待った。これは旅行者がイタリアでは日々免れることのできない状況である。なぜなら、河川というものはほとんど人が意のままに扱えないので、一夜の豪雨でも人を足止めするからである。すべてが過ぎ去るまで辛抱強く待っている旅人の姿が詩に描かれているが、水の氾濫のため河岸で足止めをくっている苛立たしげな旅人の姿も同じ詩才の持ち主によって同じように見事に詩に描くことができよう。――当地から見るアッダ川周辺の景色は美しい。ヴァプリオ側には、木々の繁茂した谷を見晴らす高地がある。

ついに、ベルガモに到着。私には、ベルガモ・アカデミーの事務局長マイローニ・ダ・ポンテ博士宛の紹介状があった。彼のところへ、私は直接出かけた。私はけわしい丘を登って、その頂上にある市街地へ入り、博士を一生懸命探した。数本の通りを探したところ、私の当惑ぶりを気の毒に思ったらしい（というのも、私が三本か四本の通りを案内されたが、徒労に終わったのだから）ある婦人が窓からいろいろ教えてくれた。それによると、件の博士は農村にいる。――しかし、明日の朝また来れば、彼に会えるだろうとのことだ。何と暗くて、汚くて、臭くて、ひどい土地柄なのだ！　私は出会った二、三の身なりのよい人々を見て、そんなところで何を仕事にするのだといぶかしく思い、ベルガモの住民なんかに生まれ合わさなくてよかったと思った。これは愚かな感想であった。私は人を幸せにするのがまるでレンガとモルタルであるかのように思い込んで、子どもの頃から培われ、習慣によって熟成した人間関係こそ幸福の源であることに気づかなかったのだから。――一二マイル。

一七日。マイローニ氏を探してふたたび丘を登る。見つけられなければ、彼には兄弟がいると聞いていたので、その人を見つけようと思った。私は前夜あの婦人が教えてくれた通りへ行った。幸いにも、彼女は窓辺にいたが、情報は行き違いになってしまった。なぜなら、兄弟は二人とも農村に行ってしまっていたからだ。私が家まで行く必要はないのだそうだ。なぜなら、家には留守番を置いていなかったからである。あの暗い街中の夜の薄明りでは、昨晩は件の誰とも知れないご婦人の顔はよく見えなかったが、いまふたたび見ると、なかなかの美人であることが分かった。その眼差しが似つかわしいのはベルガモの通りよりもっと美しい通りだと思う。彼女は親切にも私のかかわったことについて、たいしたことではないとよいけど、と声をかけてくれた。それは実際たいして意味のない言葉ではあったが、とても甘い声で言ってくれたから、単音節の語でさえ関心をそそらせた。私はせっかく貴女がいてくださったのに、多少がっかりもしましたが、気持ちは平静です、と答えた。ありきたりのお礼の言葉を踏み外して、ちょっと何かを言わないではいられなかったのだ。お返しに、彼女はうなずいた。私は彼女の何か物を言いたげな目を見て、気を悪くさせなかったようだと思った。私は勇気づけられてマイローニ氏の農村の住所を尋ねる気になった。——よろこんで、それを貴方にお教えしますわ。——私はポケットからカードをとり出した。しかし、彼女のいる窓は高すぎて、カードを手渡せなかった。私は戸口を見た。たぶん空いていますよね。——そうだと思いますわ、と彼女が答えた。読者が電気の研究者で、雷雨のなかで凧を上げるなら、自分の周辺が大いに電気を含み、身の危険が増すので、すぐに逃げ出さないと、まるで自分が薄い糸の見えない網の目に包まれたかのように感じる、軽いショックが空気中に生じるのを、ご存知であろう。このときの私をとり巻く感じは幾分それに似ていた。

　私は二歩ほど戸口へ歩み寄った。と、そのとき、やってきたある紳士が私の鼻先で戸扉を開け、敷居の上に立った。それはその女性の夫だった。彼女は背後の廊下にいた。私は彼の前の通りにいた。彼女はマイローニさんのところへ行く道を知りたがっているイギリスの方ですよ、と言った。夫君は自分がお教えしましょう、と丁重に言って、ポケットから紙と鉛筆をとり出し、書いてそれを私に渡してくれた。私は疑わしげに彼を見て、これまで出会った忌々しい奴の最たる者のひとりと思った。意地の悪い見物人なら、彼がいたために農業目的の旅行者が感傷的な旅行者へならないですんだ、と言ったはずである。たしかに、ときどきイタリアでは、人を射竦《いすく》めるような目つきをする人に出くわす。ヨーロッパの北部では、目は人を引きつける力を持っている。当地では、目は万能の力を発揮する。目を輝かす人の活動範囲は広い。私と同じように農業のために旅をする人は将来私がすると同様に、近づきすぎないように注意しなければならない。

ブレンバーテ伯爵の館の下方にある市壁からは、ほとんど真っ平らで、肥沃な土地が見晴らせる。南方の正面にあるアペニン山脈は雲の上に顔を出している。その雲たるや平野の一部を覆っている。西方では、アルプス山脈の巨大な曲線を描く山容がひかえている。それはミラノ地方とピエモンテ地方の境界をなしている。思いつく限り、もっとも美しく交通をさえぎる山岳のひとつから眺めるアルプスの峰々は万年雪に覆われている。東方では、平坦地の景色がどこまでも続く。この足もとに広がる広大な平野は、都市、教会、塔、そして家並みを従えた平坦な森林のように見える。ベルガモの近くから見る景色の角度によっては、畑が見えて、そのためにますます絵のように美しい。この景色はスペルガのそれに似ている。今日も毎日、六月のイングランドと同じように晴天で暑い。

一八日。昨日、私は御者と交渉して、今朝六時にブレーシャへ連れていってもらうことにしていた。しかし、体調が悪かったので、私は馬車を持ってこないでは来てはならないし、約束した時間前に来てもならないと強く言っておいた。御者の奴は五時にやってきて、そのうえ馬車を持ってこなかった。馬車はすぐそばにあると言って、彼は急いで私のトランクを運びたがった。私は御者の魂胆が分かりはじめ、断固として動くのを拒否した。さんざん説得しても無駄に終わると、彼は立ち去り、四五分後に戻ってきた。そ奴はブレーシャへ行く街道上のとある旅籠までたっぷり一マイル半、私を馬車に乗せていった。そこには別の御者が待ち構えていた。その男に、彼は私を売りとばしたのだ。そこでは、私はほかに三人の相客と一緒に詰め込まれ、いちばん悪い席が割り振られることに気づいた。それはその悪党が署名した契約内容のあらゆる条項に違反していた。私の怒りの表情は連中を嘲《あざけ》らしただけだった。世間に、こんな御者たちのような悪党はそうざらにはいない。私は案内書や年鑑や旅行記を読んでいる。それらはこうした旅の方法についてまずまずと語っている。——快適ではないにせよ、我慢はできる。しかし、案内書類が憤慨もしないで御者たちに言及するなら、きわめて不完全か不注意に違いない。連中の馬車ときたらひどくて、覆がなく壊れそうで、がたがたの、汚い肥《こや》し運搬車も同然であった。馬については、それらを見るまで、私はアイルランドの馬くらいひどい馬はないと思っていた。しかし、その乗合馬車の馬は私に誤っていたことを納得させてくれた。相客は二人の商人風の男とパドヴァ大学へ行く若者であった。商人風の二人は祈りの言葉を繰り返し、ロザリオをまさぐっていた。その地方がどうやって、十分灌漑されるようになったかが問題ではなかろうか？主に祈っても、堀割を掘ることも、チーズを作ることも実現できまい。——三二マイル。

一九日。私には農業協会の事務局長ピラーティ氏宛の紹介状があった。彼は農村部の兄弟の農場にいた。私はそこへよろこんで出かけた。彼は私を協会の会長コルニアーノ伯に紹介してくれる手はずになっていた。しかし、彼は私の行く行程から二〇マイルそれていて不在であった。

夜分、オペラへ。劇場は大きいが不格好である。オペラ『アヴァラ』[48]の上演はひどかった。聴衆の趣味（仕切席ではなく平土間は国民性を示していた）はなおさら悪かった。だじゃれ、あてこすり、こじつけ、そして大袈裟な仕草が大喝采を浴びていた。難しい一〇音節か一二音節からなる自分の名前を口にする子どもとそれを繰り返そうと大形《おおぎょう》に口真似をすることが最上のできのアリアより激しくアンコールを求められていた。この国民的な趣味の低俗ぶりは、ほとんどあらゆる職業に素晴らしい天才を生み出した国民とは思えない。

二〇日。ヴェローナ行きの乗合馬車を見つけるという前からの懸案に困惑を繰り返した挙句、とうとう三三リラと[49]いう法外な値段で交渉が成立。昼食後、若い婦人と八歳か九歳の少年と出発。彼女は嗅ぎタバコ入れと十字架以外に余念がなかった。私は全土に及ぶ悪路からヴェネツィア共和国の行政を評価していない。街道はどこでも大きな石か砕石かぬかるみからなっている。農村部は豊さの点でミラノ公国に引き離されている。一帯は桑の木が多数植えられた生け垣でびっしりと囲まれ、サイモンズ教授[50]の言葉を借りれば、這わせるために枝を短く刈り込んだブドウの木でふさがれている。夕刻、デセンツァーノへ到着。信心深い道連れがどうしたか、私は知らない。彼女がベルガモのあの美人ほどの人を見る目を持っていなかったことを神に感謝しながら、私はひとりで夕食をとった。夜中、私は水の音が川の流れと違うと思ったが、朝窓を開けたところ、それが美しい湖水の打ち寄せる波の音だと気づいた。ガルダ湖[51]は見たこともない湖水であった。——一五マイル。

二一日。岸に沿って進む。数マイルのあいだ湖水の見事な景色をともなう。ブレーシャからヴェローナまで、とくにデセンツァーノまで、街道の脇に死者用に十字架が五〇はあると思う。人が殺害されると、その人の魂の冥福を願って、警察を創設した方がよい。そのような怠慢の証拠は政府にとってどんなに恥ずべきことであろうか！　これでも、ヴェネツィア政府は賢明な政府と言われているのである。――通行不能な街道、照明のない市街地、そして殺人を示す十分な証拠があると言うのに。男たちが祈りの言葉を唱え、女たちが十字を切る、それらの行為がこれまで私の見てきたよく見られる光景である。

ヴェローナへ到着。折よく天文学者で農業協会の事務局長カニョーラ氏〔52〕宛の紹介状を届けることができた。これは天文学者を事務局長にする農業協会であって、かなりの機関に違いない。彼はピアッツァ屋というコーヒーハウスで二、三の農業愛好家へ私を紹介してくれたし、協会の会長との会見の日時を明日ととり決めてくれた。――二五マイル。

二二日。不運にも、会長は農村部へ行く羽目になった。思うに、彼は私のことを都会に住むイタリア人の農業理論家と同類とみなしているのだ。カニョーラ氏は召使いを私のところへ差し向けて、ミケ・ランジェロ・ロカテッリ氏のお宅へ案内してくれた。カニョーラ氏が昨晩私の旅の目的を伝えておいてくれたのだ。私はこのご仁が商売をしながら二つの農場を支配下におさめていて、私の調査の主題について話し合ってくれる用意ができているのを知った。カニョーラ氏についてはもうこれ以上姿も見なければ、動静が聞こえてもこなかった。

私はヴェローナでは不機嫌であったが、円形演技場〔53〕を見てそれが直った。実のところ、劇場はたぶんもう数千年は長持ちするだけの堅牢で素晴らしい、立派な古代の遺跡である。ニームのそれなどは家並みで雑然と覆われ、円形演技場とは言えない。この立派な建物の縁へ立つと、私は劇場の中で繰り広げられた舞台の観客だった無数の人々のことを夢想しないではいられなかった。その夢想には、私にはもの悲しい印象となるものがともなわれた。——いまやあのような多勢の観客のことがすっかり忘れられている！　時が地上から彼らの記憶をぬぐい去ってしまった。——彼らの痕跡は記録に残らなかった。にもかかわらず、機知と美しさ、富と権力が、希望と恐怖の葛藤が、努力と冒険心の動揺があった。——以上のこと一切は一七〇〇年にわたる沈黙のなかに埋没している！——私は詩人の作品をほんのわずかしか読んでいないから、あのようにすっかり忘れられることが、私と同じように彼らにも物悲しく思えたかどうか分からない。そう思えたとしたら、たぶん詩人が表現の力強さと美しさにより、感情に新しい息吹を与えたのだろう。

二三日。今朝、私は観光ガイドを雇って教会と宮殿を見にいった。それはあまり妥当な方法とは言えない。旅人がひとつの大きな仕事を持っている場合、二次的な目的はあきらめねばならないのだ。他のどことも同じように、当地の大きな欠点はあまりに多くの名所へ、あっちだこっちだと引っ張りまわされることにある。ヴェローナでは、ある建築家の作品くらい人の心を打つものはない。その人の名前はミケーレ・サンミケーリ[54]といって、イギリスではほとんど知られていない。作品には卓越した長所があり、誰が見ても気に入るに違いない。サン・ベルナルディーノ教会内にあるペッレグリーニ家の礼拝堂とサン・ジョルジオ・イン・ブライダ教会の円形建築は美しい建造物である。ベヴィラックワ宮殿には独特の性格がある。それはしばしば繰り返し模倣された多くの宮殿の場合より、上手になされたはずである。コンシリョ回廊[55]は簡素で優美であり、通りや広場に沿って続くアーケードのついたもっとも心地よい例のひとつをなしている。劇場[56]は大きいが、ミラノのそれには及ばない[57]。ブレーシャとヴェローナでの私の出費は正餐代が三パオロ、[58]夕食代が二、部屋代が二である。それはイギリス貨では五ペンスで、一日当たり二シリング一一ペンスである。悪くない部屋にいて、立派なベッドに寝て、期待した食事を供されているので、出費はかなり少なくすんでいる。

二四日。ヴィチェンツァまでの農村部はずっと平坦で、大部分独特の様相を呈している。木から木へ、ブドウの蔦《つた》をからませ、枝を短く刈り込んだ楡と楓の木の並木があり、並木のあいだは耕作可能である、こうした配列は見慣れてあきてきても、不愉快なものではない。――三二マイル。

二五日。ティエネ伯を訪問。私は彼宛の紹介状を持ってきたのだ。彼は紹介状を開いたが、もうひとりのティエネ伯宛のものであることに気づいた。その人はヴィチェンツァ近くの農村部に住んでいた。しかしながら、紹介状のなかに友人ならよく使ういくつかの推薦の言葉を読んで、彼はごく自然で丁重に、私に紹介状を返しながら、自分にできることなら何なりとお手伝いすると申し出てくれた。「貴方の持参された紹介状は貴方を万人に推す回覧状のようなものですな。少しでも他人とトラブルになったら、どうぞこの家に戻ってきてください」。このティエネ邸はパッラーディオ[59]の建てた邸宅のひとつである。

私はそれから物理学と数学の教授ピエロパン師を訪問した。数年間、彼は農業の実験用に国家から寄贈され、現在では農業アカデミーの支配下にある実践的な試験場を指導していたのだった。彼は私を丁重に迎えてくれた。彼は何なりとお役に立ちたいと表明してくれただけでなく、すぐ本題に入ってくれて、試験場へ行く途中、そのアカデミー会長のデ・ボニン伯のところへ立ち寄ろうと申し出てくれた。私はこうした小規模な施設についてろくに知らない。誰の指導下であろうと、こうした施設では実験を多くはできないようになっているし、かならずしも実践的でない人の指導下では、何もできないようになっているものだ。デ・ボニン伯は私が実際の、ありきたりの農夫と話をしたがっているのを知ると、午後、農村部にある約三マイル離れた彼の農場へ行く約束をしてくれた。そこで、私は知的な人物に会うことになろう。

それから、件の伯爵はさしあたり中座した。――ピエロパン氏と私はティエネ伯の別荘へ行った。一時間だけ、彼が留守をしたので、私たちはその時間を利用して、有名なパッラーディオの円形建物〔60〕を見るため、もう少し先まで歩いていった。それはカプラ伯の所有する建物だが、ヴィチェンツァに現存するあの天才が残した三大労作のひとつである。それは装飾と簡素とが見事な調和をなしている。ただし、両者の配分は独創的で新しい発想にもとづいているようで、イギリスよりもはるかにイタリアに適っている。というのは、一〇〇ヴィチェンツァ・フィートの空間があれば、わが国の気候と習俗に従うなら、これをはるかに凌ぐ邸宅ができるはずだからである。私は朽ちはててしまったが、見事だったはずの一部を見て気になる。レンガの柱を覆っている漆喰はすり切れているし、ほかの補修されていない部位も見てとれるからである。

これらの邸宅とサンタ・マリア・デル・モンテ教会がある丘から景色を見ると、ヴィチェンツァ郊外の美しさは私がイタリアで見たどこよりも優れている。豊な平野のなかの都市と、白い建物で覆われ、その上にアルプスの山並みが広がった丘陵は美しい。ティエネ伯はたまたま居合わせた、もっと経験を積んだもうひとりの貴人と一緒にいたが、その所領があるヴィチェンツァ側に関する情報を私にくれた。彼のもとを辞去して、私はピエロパン師にお仲間と一緒に私と食事をしていただけないかと頼んだ。そのために、私はお気に入りの話題についてずっと長い時間、彼と話をすることができた。農業アカデミーの副会長トライコ師が私たちに合流した。食後、約束により、デ・ボニン伯の家へ。彼の馬車が用意されていて、農場へ連れていってくれた。幸いにも、その農夫は分別があって知的で、私の持ち出す一切の質問に答える用意ができていた。夜分、旅の労苦を償って余りある実り豊な一日の後、ヴィチェンツァに戻った。

二六日。親身な斡旋を続けてくれる親愛なる神父さんは、今朝、親切にも、目下あるイギリス人の指導下にある非常に有名な羊毛工場とウェッジウッド氏の磁器を真似たある陶器の倉庫へ、私と一緒に行ってくれた。イタリアでイギリス製品のモデルを模倣したエトルスキ様式を見て、イギリス技術の勝利だと確信した。それは私がフランスで見た多くの模造品よりはよくできている。パッラーディオ作のオリンピコ劇場[61]を見物。それは見る人すべてをよろこばせる。この外観くらい美しいものはないし、建物をとり巻く列柱くらい優雅なものはない。当地にある彼の手がけたすべての建築物のなかで、私にはバルバラーナ邸[62]がいちばん好みに合わない。多くのパッラーディオ作の建物が耐久力のある石材でできたラジョーネ宮〔63〕を別にすれば、化粧漆喰を塗られたレンガでできているのと、そのどれとして手入れが行きとどいていないのを知って、惜しいと思う。ラジョーネ宮の屋根は目障りに違いないが、パッラーディオの作ではない。宮殿を囲む拱廊《ろうきょう》だけが彼の作と言える。その宮殿の建物たるや恐ろしく飾り立てられているが、長さ二〇〇フィート、幅八〇フィートの広大な一室をなしていて裁判所に使われ、大衆からは公衆便所としても使われているのである。パッラーディオの建てた建物を裁判所に使うとは結構な利用の仕方もあったものである。この巨大な建築物のレンガの柱は私がこれまで見たうちでももっとも美しい仕上がりである。化粧漆喰も見事だが、さすがに二〇〇年もたつと、崩れかけている。ヴェローナとヴィチェンツァには、新築の家屋はきわめて少なく、この目で見る限りでは、現代の富と繁栄の形跡はない。例外的な新築家屋はあるが、数のうえでは少ない。当地である絹商人が立派な家を建てた。ヴェネツィアの弁護士コルデリーナ氏も大きくて美しい家を建てた。それは完成していないが、一〇万ダカットかかっている。彼は弁論で財をなしたのだ。

二七日。パドヴァへ。旅行者に庭園と呼ばれてきた農村部は以前ほど十分耕作されていないが、より深く耕され、より肥沃になっている。相変わらずの平坦地が続き、相変わらず同じやり方で刈り込まれた樹木とブドウの木々が並ぶ。若干の稲田を別にすれば、ほとんど灌漑されていない。農業の実験者アルドゥイーノ氏〔64〕を国家から提供された一二エーカーの農地、いやむしろ庭園に訪問した。私はこの実験場とここで行なわれた無数の役に立つ実験について、さんざん聞かされてきたので、旅の予定のなかでここを訪問することが重きをなしていた。ヴェネツィアは目的地ではなかった。私にはパドヴァに寄るなら、ポンティーノ湿原とローマへ行く余裕がなくなってしまう。湿原とローマへ、私は直接ミラノから到達できるはずであったのに。ヨーロッパで最初と請け合われ、さまざまの重要な研究に解決の光明を投げかけたその実験農場は農事視察旅行者として、私がどんな都会より好きにならなければならない土地であった。それゆえ、私は行く決心をした。アルドゥイーノ氏は私を丁重に迎えてくれて、明日その楽しみをかなえてくれる約束をしてくれた。

夜はチマローザのオペラ『ロッカ・アッツァラの二人の男爵』〔65〕へ。私は彼の音楽にはいつも独創的で、人を楽しませるものがあると思っている。しかし、役柄はまあまあ演じられていて、オーケストラは力強かったが、場内はがらがらにすいていた。観客はみすぼらしい身形《みなり》をしており、出演者はうす汚くて衣装もよくなかったので、これまでちょくちょく感じてきたことだが、当地で私は劇場の魅力というものは半分が観客しだいであると思った。——人は上機嫌にならなければならないのだ。——確かな手応えの浮き浮きした気分というものが心の底から湧いてくるべきなのだ。楽しもうという気持ちが周辺のものと調和して、よろこびにならなければならない。よろこびは楽しもうという期待にきらめく目から感じとられるものである。人気のない仕切席とうす汚い平土間が照明の落ちた場内とあいまって、音楽をせっかく精彩があるのに暗くしていた。私はグリエルミ作の『気高い羊飼の娘』を観るのをあきらめて、静かな自分の部屋へ戻った。——二一マイル。

二八日。午前中、建物を見物。そのうち、二、三の建物は問題にする価値がある。それから紹介状をとどけに。ところが、教授たちが在宅ではなくて、私は会うことができなかった。アルドゥイーノ氏は約束どおり家にいて、実験的と呼ばれるのが妥当な農場を私に見せてくれた。なぜなら、彼はこの有名な大学の農業実習の教授だからである。私はここで自分が見学した事実の詳細を語るつもりはない。私は件の教授に会釈をして敬意を表したが、彼の実験なるものが世界の首都へ行くのをあきらめて、わざわざ立ち寄るほどの価値はほとんどない、と考えたのだった。自分で行くつもりになるこれが最後の実験農場になるであろう。

今日見た建物のなかでは、私はサンタ・ジュスティーナ教会(66)にたいへん感銘を受けた。様式上完全ではないが、中へ入ると、それは非常に堂々とした様子をしている。教会は清潔で十分手入れが行きとどいている。内部の石畳は大理石を敷きつめてあって、たいへん美しい。——しかも、規模が相当大きくて、概して素晴らしい景観をなしている。それに比べれば、サン・タントニオ教会は小さいし、いくつもある仕切りと数多くの装飾で手狭になっている。多数の信者が礼拝堂の前でひざまずいている。ここへ、多くの人々が足繁くお参りに来たのだった。愚かさと熱意を合わせ持つ信心が慰めを求め、それ以上のものを見いだしたのだった。いわゆる市庁舎であるコンシリョ回廊は——ヨーロッパきっての大きな部屋ではないにしても、最大の部屋のひとつである。それは長さ三〇〇フィート、幅一〇〇フィートである。その部屋には、ヴィチェンツァの市庁舎の調度品にただよっていたあの汚物の臭いが同じようにしている。

二九日。約束により、化学の教授カルブリ氏を訪問。元気な気のいい男だった。私は彼と科学の農業への応用について少々意見の交換をしたいと思ったのだった。が、それは容易ではなかった。たまたま、私がアメリカ独立戦争以来のイギリスの異例の繁栄に言及すると、ふと政治が彼の心をとらえてしまったのだ。彼は話の糸口をつかむと、提督、将軍、赤く焼けただれた砲弾、浮き砲台といった迷路にまぎれ込んでしまったので、――ロドゥニ、エリオット、ネッケル、キャザリン、そのうえ誰が来るかは神のみぞ知るだが、何やかやとそんな人が挙げられたので、彼がまるでラクソル氏と同じくらいの大旅行をしたがっているかのように思えた。しかしながら、彼は有名な天文学者トアルド氏[67]宛の短い紹介状をくれた。彼に私は紹介してもらいたかったし、首尾よく、彼の天文台を見物することができた。トアルド氏が請け合って言うには、自分は一年中及ぼす月の作用と一八年に及ぶ月の周期について、かねてからの持論を絶対曲げないとのことであった。これまで『農業へ適用される気象学』しか入手していなかったので、私はほかの論文を入手できないかと願ってみた。すると、彼が言うには、それらはいまでは入手困難だが、差し上げましょうとのことだった。この気前のよい申し出に、私はすっかり恐縮して、お礼を述べ、さっそく受けとった。彼の書斎へ降りていくと、彼は私がもらった論文の補遺と『真正のインフルエンザ等について』という小冊子も贈呈してくれた。あれこれほかの話題について話を交わした後、彼が言うには、値段は八リラで、補遺は三〇ソルドとのことだった。本の値段に言及するなんて、どういう意味か分からなくて、私は困惑してしまった。というのも、彼にお金のことを口にしては失礼になるのではないかと思ったからだ。しばらくした後、彼はふたたび値段が九リラ半であることをほのめかした。そこで、私は財布をとり出した。彼に言わせると、『真正のインフルエンザ等について』は六リラにすぎないが、残部僅少なので、八リラもらわないと気がすまないし、それは補遺三〇ソルドと合わせると九リラ半になるのだそうだ。私は彼に支払いを済ませ、別れを告げた。トアルド氏が見ず知らずの私にたとえわずかな贈り物だってしてくれる義理はないけれど、このやり方は人を笑わせる。

昨日、私はダルマティアの旅行記のため、イギリスでは有名なフォルティス神父〔68〕の家に紹介状を置いてきた。今日、私は彼の訪問を受けた。彼には、その国民の本質的特徴であるあの陽気さと元気さがあり、丁重に尽力を申し出てくれて、その地方のブドウの木について意見の交換をした。彼は長年にわたってブリストル卿〔69〕とサイモンズ教授と一緒に旅行したのだった。私は彼ら二人がフォルティス神父について語るのと同じように、神父が彼らについて好意的に語るのを知ってうれしかった。

五通の紹介状があったというのに、今日で私がひとりでパドヴァで過ごして三日目になる。この点を私が非難する気はさらさらない。紹介状の名宛人たちは冷めている。私はその人たちの冷めぶりをよしとする。私は己以外の誰も非難する気はない。私ときたら、ここ一五年か二〇年のあいだ、外国人が私に紹介状を持ってくるときはいつも、実は数百人が紹介状を持ってきたが、——その外国人が私に好意を寄せて自分の仲間を紹介してくれるようになると思うくらいの期間、イギリス風の歓待にこれ努め、私の家に団らんをもたらすことしかしなかった。それがなぜ、パドヴァで私がこの下書を書く羽目になるだろうか。しかも、下書の内容は通りいっぺんの情報しかもらえなかったので、その土地固有のそれではなく、私がイタリアで行ったことのある土地の大半のそれと共通であった。どうやら、私はとんでもない思い違いをしてきたのだ。——外国人が私たちとは比べものにならないくらい、この点を分かっているのだと思う。ところが、私ときたら自分が外国人について十分に分かっていないので、彼らの習慣をとり入れられなくて、われわれのやり方をこれからも続けるのではないかと思う。

三〇日。乗合馬車にあきあきとしていたところなので、私はヴェネツィアへ定期的に運行される屋根つきの川船があると知ってうれしかった。私は川船にそれほど多くを期待していなかったので、資産家以外ならあらゆる顔ぶれのそろった寄せ集めと知ってもがっかりしなかった。聖職者、二、三人の陸軍将校、そして私が期待したよりはましな身形の数人の他の人々がいた。なぜなら、イタリアでは人々は質素な身形を強制されていたからだ。旅程を半分行ったドーロで、食事のため、私は二人の神父、一人の将校、それに生き生きとしていて感受性の鋭い、可愛いいヴェネツィアの少女と食卓を囲むことにした。私たちは自分たちだけで上機嫌で食事をした。フジーナを出て四マイル行った運河の堤防（私は行程の大半を歩き通した）から、美しい市街地の景色が見晴らせる。アドリア海へ入ると、私たち一行は川船をおりて、早く着くために、大型ボートを借り上げた。そのボートで、私たちはこの有名で風変わりな地[70]にやってきたのだった。

大運河[71]に入った頃には、日はどっぷりと暮れていた。私の好奇心は旺盛で、あらゆるものを期待した。それでも、日はまだ多少残っていて、私の周辺にある物がこれまで見たことのあるもののなかでもっとも興味ある物であることを見てとることができたし、それはこれまで行ったどこの都市の入口の第一印象よりも私の心を打ったのだった。ペトリッロ氏の宿屋へ。ゴンドラが階段状の岸辺へ着く前に、私の連れたちはペトリッロ氏が私をイギリス人だと知るや、私を歓迎するため三本の松明に点火するだろう、と教えてくれた。——そのとおりだった。でも、私はそれら三本の松明に点火してもらったくらいで、煽《おだ》てに乗りはしなかった。というのも、それらは私には三人の掏摸のように思えたからである。私は大運河を眺めるこざっぱりとした部屋に案内された。その室内の調度品は清潔で立派なものだったから、自分がまるでイギリスにいるかのように思えた。

オペラ劇場へ。ヴェネツィアの観客も、パドヴァのそれも、ミラノのそれも、トリノその他のそれもダンスに対する入れ込み様はそっくり同じである。バレエ部分にやたらと時間をかけ、バレエに重きを置き、観客がほとんどそこだけに拍手喝采を浴びせるため、イタリア・オペラは音楽というより、ダンスの教習所と化した。私はこれを見過ごすわけにはいかない。なぜなら、四〇のダンスのうちで、また四〇〇の楽節のうちで、少しでも価値があるものは四つとないからである。それは身体をねじり、誇張して身振りや敏捷さを表現している。男性ダンサーが所定のポジションに頭を持っていくと、そのダンサーのかかとは地面につかずに然るべきポジションにつく。空を切ってくるくる廻った後、爪先へ視線を止めることができるなら、縦より横幅を広げて見せるため両足を延ばすことができるなら、あるいはまったく足がないかのように足を縮こませて身体にぴったりつけようものなら、その男性ダンサーは多くのブラボー、ブラヴィシモといった大変な喝采の叫び声を浴びるので、これまで作曲されたこの上なく見事なアリアでも、とても人の耳目を集めまい。バ、レ、リ、ー、ナ、つまり女性ダンサーも激しい動作、精力的な身のこなし、機敏な身振りでは同じであった。苦労をともなう努力によって人の心を打つより、心地よい軽やかさによって注目を引く優雅なダンスはもっと難しいし、もっと優れた才能を必要とするというわけだ。この高等遊泳について見たところ、イタリア人は不向きである。

——二四マイル。

三一日。私がやるべき最初の仕事はゴンドラの船頭と交渉して、一日当たり六パオロで私に仕えてもらうことだった。周知のように、この手のボートがヴェネツィアで入手できるいちばん快適な乗り物のひとつである。わずかな出費で、ゴンドラには他の都市でなら馬車と一対の馬にでも匹敵する利便性がある。私はゴンドラを使って紹介状を配って廻った。ヴェネツィアは目下からっぽである。ほとんど誰もが農村部へ出かけているからである。しかし、私はヴェネツィア共和国の農業長官ジョヴァンニ・アルドゥイーノ氏に会えた。彼はこの問題へ寄せた注目と数冊の著書でかなりの評判である。この市内にある彼の住まいから見て、彼自身が実践的な農業家ではないと考えることができる。

数時間を宮殿、教会、そして絵画の間で過ごした。イタリアのどこへ行っても、こうした文化遺産の数たるや膨大だから、いちいち詳しくは書いていられない。私がいちばん深い印象を受けた絵はパオロ・ヴェロネーゼ[72]作の『アレッサンドロ大王の足もとにひれ伏すダリウス家の家族』であった、とだけ記しておこう。その瞬間の表情が見事にとらえられている。主題は十分理解される。配置は巧みで、配色はやわらかく美しい。全体が自然である。すべてが生き生きとしている。登場人物は語りかけていて、それらの人の口をついて出てきた言葉が聞こえそうな気がする。落ち着いた品位がそのときの感情と見事に交じり合っている。天才を使う価値のある主題がここにはあったのだ。その絵はピサーニ宮殿にあるカリタ信徒会にあるティツィアーノ[73]作の『マリアの神殿奉献』は私を大いによろこばせた。彼の魅力的な画筆はこの作品のなかの二、三人の登場人物に命と輝きを吹き込んだので、それを見てうっとりとしてしまって、なかなか見あきることはなかった。ドゥカーレ宮殿[74]には、ティツィアーノ、ティントレット[75]、パオロ・ヴェロネーゼ、バッサーノ、そしてパルマ作の多数の気品ある作品が収蔵されているので、画家たちの研究の殿堂をなしている。コシャン[76]はその『イタリア紀行』で多少批判めかして詳述しているが、それは他の多くの国の作品ほどイタリア人による同じ類の作品をやり込めてはいない。ティリダテス[77]によりネロへ寄贈され、コンスタンティヌス[78]によりコンスタンティノープルへ持っていかれ、そこを占領した折にヴェネツィア人によりそこから持ち帰られたブロンズ製の馬の像は見事である。残念なことに、それらは近くで見られない。ヴェネツィア自体に劣らず有名なライオンの口[79]は依然として存在している。ライオンの口を見る人は誰でも嫌悪感を持って見てくれたらと思う。その口へ入れる告発状はただひとつ、国家の統治に反対する国民の声であるべきである。

夜分、演劇（悲劇）で、私はイタリア人にはハーレキンとパンチネッロ[80]以外にも出し物があるのを知り、杞憂《きゆう》に終わってうれしかった。

一一月一日。イタリアの物価はとてつもなく安く、説明するのにいささか困惑させられる。だが、それはあまりにも重要なため無視するわけにはいかない。ペトリッロ亭では、私は清潔で立派な部屋に入っている。それは大運河と美しいアーチ型だが見た目には醜いリアルト橋[81]へ面している。イタリアの宿屋では、上等なベッドと小ぎれいな家具をそなえていることはきわめてめずらしい。なぜなら、ベッドは架台のようなもので、一緒に寄せ集められた通常四つの腰掛けからなっているからである。シーツも申し分ない。このようなシーツに私はこの国でこれまでお目にかかっていない。正餐代と夕食代は部屋代を含めて一日当たり八パオロ、つまり三シリング四ペンスという昔からの値段で提供されている。正餐では、私は手厚く遇されて、多くの立派な料理を供されるが、そのうちのいくつかの料理は食べでがある。ブドウ酒も二本出してくれる。良質でも粗悪でもないが、たしかに安くしてくれる。しかも、連中は私が夕食時に飲むニーガス〔82〕にめったに半分もブドウ酒を使わないのを知っていながら、それでも毎晩一本補充してくれる。私は二、三の人から、ヴェネツィアでの予約による食事代が四から六パオロでしかない、と請け合われた。しかし、私は自分の方がもっとよく奉仕されていると思う。正餐代と夕食代八パオロに、私はもう六パオロをゴンドラ代に——一〇ソルドを朝食代に出す。もしオペラを見にいけば、三パオロかかる。——かくて、一日当たり七シリング三ペンスで、人ひとりヴェネツィアで生活し、召使いと馬車を雇い、毎晩催し物を見にいけるのである。ロンドンのコーヒーハウスで、一パイントの粗悪なブドウ酒と貧弱なデザートつきで腹いっぱい食事をするには、当地でまる一日かけるのと同じ額の費用がかかる。ロンドンで一年に五〇〇リーヴルをかけて生活するくらいなら、ヴェネツィアで一〇〇リーヴルかけた方がよい生活ができることに疑問の余地はない。にもかかわらず、パン、肉等の日常生活必需品の価格にはわずかな差しかない。ヴェネツィアにおけるこの状況はいくつかの理由によっている。たとえば、アドリア海に面し文明化したヨーロッパの端にあり、多くの貧困農村と隣接したその立地、馬に代わるゴンドラの使用もおそらく同じように重要な事柄である。しかし、住民の習慣、生活様式、そして国民大衆のきわめて低い収入といったものが理由のどれよりも重要であろう。当地の贅沢はますます消費より享楽へ向かっている。国民の節制は物価の安さに大いに貢献しているし、食物の種類はなおさら役立っている。パスタ、マカロニ、そして野菜が牛肉と羊肉より気軽によく出される。フランスの場合と同じように、調理法により、連中はイギリスでかかる値段の半分で食事を用意することができる。

生活費の安さ、見世物の面白さ、女性の可憐さといったものが男性の住いを定める際の物差しであるなら、そのような人にはヴェネツィアへ住んでもらおう。私はというと、トルコ皇帝に匹敵する権限をほしいままにした統領になろうとも、住民にはなりたくないと思う。レンガと石だらけ、そのうえ空と水ばかりとくる、野原もなければ藪もなく、バラの花を摘もうなんて思いもよらないとは！私の心はそのような場所では弾めない。それは素晴らしい人間の勤勉さが生み出した記念碑ではあるが、農業家の感情を表現する舞台ではない！――私には、畑地を与え給え、他の人にはチャリング・クロス[83]やフリート暗渠[2]で人生の好機をつかませ給え。ふたたびアルドゥイーノ氏を訪問。イタリアの農業状態と農業の推進や遅延に関係した原因について意見を交換し、彼のもとからオスパレットにある音楽学校へ。バーニー博士[84]はその楽しくエレガントな旅行記のなかで、それを説明している。

二日。教会、信者会施設、そして宮殿を一巡。ガイドブックがあれこれと伝える多数の建物とコレクションがあるので、いつもたいへん時間をとられる。旅行者にとって唯一の、多少とも値打ちのあるガイドブックはどの都市でも長所の順に見るべき最良の関心事を記載した小型版のそれであろう。そのため、通過する人が一時間しか時間がないなら、その人はその土地にある最良の物を見るのに、ガイドブックを使うであろう。その人に時間が三日あるなら、三日で見られるいちばんよい物を見るであろう。その人が三カ月滞在するなら、時間をそれなりに使うであろう。同様に、大切なことに、その人は視野を広げるのにいちばん得になるものを見てしまったと思って、もうこれ以上見ないことにしたとき、ガイドブックの使用を止めにすることができるのである。しかし、そのようなガイドブックはないので、旅行者にはかえって始末が悪い。

サン・マルコ聖堂[85]の図書室にある古い美術品のなかに、コンモドゥス帝、アウグストゥス帝、そしてアドリヌス帝のモザイク画、とくに注目すべきは『倒れた剣闘士』、コケニウス作の独特で奇抜な彫像『レーダー』がある。バルバリーゴ宮殿にあるティツィアーノの『ヴィーナス』と『マグダラのマリア』は時が経過しているため、鮮やかで暖かい感じを多分に失っているが、それでも美しい。ファルゼッティ宮殿には、二点のレンブラントの絵がある。そのほか注目すべきは、アンドレア・デル・サルト作の『聖なる家族』、ティツィアーノ作の『自画像』である。

最後に、私はサン・マルコ聖堂の鐘楼[86]に登った。それはかなり高いので、ヴェネツィアをなす島々全部、海岸と山々の長大な連なりについて手にとるように見晴らすことができる。農村部はどこも森林に覆われているようだ。どれもヴェネツィアの市街地と島の景色に比肩するものはない。それはこの上なく美しいし、私が見たことのあるなかでも断然風変わりである。ジューデッカ運河[87]は船やゴンドラが浮かび、多くの立派な建物に囲まれ、目で数えると二四島のヴェネツィアに属さない島々を散りばめ、ある眺望を総じて形成している。それは世界が示すどんな景色よりも優れている。一般に、都市には、二、三の美しい特色があるが、それはカナレットの絵画から私が心にいだいた特色と同じではない。貧弱で古いゴシック様式の家屋は画布には映《は》える。正面の不揃いな感じは同じくらいの大きさのどの都市よりも大きい。三軒続いて同じ建物などどこにもない。三階建の壮大な宮殿の隣には、平屋の粗末な家屋があるという始末である。こうした不揃いのために、相当立派な建物群がかもし出す画一感とか、間断なき連続感から出てくるあの壮大さに欠如している。厳密に言う、通りについてはと言うと、それに匹敵する通りは世界中どこにもない。一二フィートあれば広い方なのだ。私は幅を計測してみたが、多くの通りは四、五フィートしかなかった。当地では、正しく通りをなしている運河の大部分はたいへん狭いので、運河に面する建物のそなえた多くの美しい点を損なわせている。

　サン・マルコ広場〔88〕はヨーロッパきっての美しい広場だと言われてきたが、いくら何でも言い過ぎである。それは広く見える。なぜならば、ほかのどの空間も狭いからである。しかしながら、広場を囲む建物の二、三は立派ではあるが、美しいというより歴史的である。ここは既存のもっとも有名な共和国のひとつの中心地で心臓部である。サン・マルコ聖堂、ドゥカーレ宮殿、図書館、統領の居宅、貴族の館、有名なカジノ、コーヒーハウス、以上の建物が集まって、サン・マルコ広場は統治、政治、そして陰謀の中心をなしている。当地ヴェネツィアでは、権力と娯楽なら捜し求めることができる。それらを求めて、わざわざ他所の土地へ足をはこぶ必要はない。ヴェネツィアは教会群、宮殿群、そしてひとつの立派な広場では優れている。広々とした運河群の美しさは際立っている。ヴェネツィアにないのは国民の富と安寧を示す立派な一般住宅である。その代わりにある大部分の建物はゴシック様式である。どれもほぼ共和国並みの古さのように思える。当世風の建物は少ないし、——最新の建物はもっと少ない。それは国家が繁栄していない確たる証拠である。[89]しかし、全体を考えれば、ヴェネツィアはたいへん立派な都市である。たしかに、それは世界広しと雖もお目にかかることはない独特の都市である。ジューデッカ運河と大運河は美しさと壮大さでは双璧である。

四人の偉大な建築家が、当地で見られる見事な建物にその才能を発揮したのだった。——彼らとはパッラーディオ、サンミケーリ、サンソヴィーノ[90]、そしてスカモッツィである。サン・ジョルジョ・マッジョーレ教会[91]は二階から見ると、気品と簡素を感じる。サンミケーリ作のサンタ・マリア・デッラ・サルーテ教会[92]には、素晴らしく美しい部分がある。彼はいつも丸天井を作ることでは成功しているようだし、この教会の入口は本当に優美である。パッラーディオ並みの天才がいまヴェネツィアに立ち現われたら、どんな建築をするだろうか？　教会を建築する趣味は終わってしまった。裕福な貴族は自分の収入を別の分野に費やしている。大型の建物は通常、新しく獲得された資金で建てられている。いまや、資金が皆無であるか、わずかであって、とても市街地を飾る足しにならないのだ。イングランドでは、一切の活動的な努力は個人のあいだで発揮される。個々人は外観的な壮大さよりも、はるかに内面の安らぎを求めるものである。公共の精神と治安が欠如しているので、新しい市街地がロンドンに生じた。それはレンガよりもむしろ焼き固めた泥と灰でできていて、調和も美も持続もないが、清潔、便利、そして配置で異彩を放っている。

ウィーンのマルティーニ[93]作の新作オペラ『無愛想だが心根のやさしい人』の稽古、あるいはリハーサルに立ち会って、非常に面白かった。

三日。海軍工廠へ。見るに値する物はほとんどない。旅行者が工廠について誇張して言っただけなのだ。大型帆船、快速帆船、そしてガレー船の数はおびただしい。私はこの有名な工廠へ入っていくときより、出てきたときの方が、ヴェネツィア海軍は貧弱だという見解を強くいだくようになっていた。だが、常雇いで三〇〇〇人がいるのだそうだ。その半数が実際にいるとしても、連中は何をしているのだろう？　兵器庫は十分手入れされて、清潔で、整然としている。有名な共和国の公式座上船[94]は飾りつけられた快速艇がそなえるあの軽快な優雅さを持ち合わせていなくて、重苦しく、ぶざまで、醜い、黄金色《こがねいろ》に塗られた奇怪な船である。娯楽用に建造された船だけが、少なくとも見て心地よい外観をなしている。この儀式について語ったもので、シェンストーン[95]の詩句ほど優れたものを知らない。彼は海岸で隠者が可愛い花嫁を相手にして持つ真のよろこびに比べれば、儀式当日の統領のきらびやかさなど、空虚なものだと、その詩で語っているのである。

八八門の砲を搭載した軍艦がこの造船所で秘かに建造されている。造船所は思ったほど費用をかけられていない。建物はわずかに二つの厚いレンガの壁ときわめて軽い屋根でできている。しかし、おそらくその費用は軍艦の建造期間にかけた経費よりはるかにかかっている。私は足場に登り、八八門の砲を搭載した軍艦の中に入った。それは二五カ年[96]かけて建造中で、目下のところ仕上りは五分の四以上ではない。

オペラ劇場へ。——たぶん、ヴェネツィアの女性はとびきり美しい。外見はかよわいし、頬紅をつけていないので、フランス人は彼女らが青白いと思っている。しかし、ヴェネツィア女性の特色をなしているのは人柄でも外見でも顔立ちでもなく、表情と目つきである。彼女らには、愛らしい性質が存分に見てとれるが、しばしばその性質とともに見られるあの無味乾燥な感じがない。彼女らの魅力は魔力をともなない、賞賛のためより感受性のために、つまり口で褒めるより、心で感じるように作り上げられている。当地では、一般に女性は美しいに相違ない。さもなければ、彼女らは服装から人をぞっとさせるであろう。現今のありきたりの服装は長いラシャのマントと男物の三角帽子である。イングランドの丸い帽子は羽飾りとリボンをつけて女性用に転用されている。しかし、当地では、ペティコートが隠れて見えないとき、女性だと認識するには、もういっぺん姿をあらためなければならない。ミラノ、ローディなどで見かけたへアスタイルはここの女性たちの趣味と想像力を示している。それはたしかにその地方独特のものである。美しい優美なあらゆる芸術上の成果はどんな国民にもまさる豊な発明の才を示してきた。現代のイタリア人が（たぶん不当にも）非難されてきた気骨の欠如について、理由を探すと、たぶんそれはこの素晴らしい好みのなかに見いだされよう。——おそらく、気骨というものは性格の弱さによるのではなく、緊張から生じる荒削りで粗野な感情とは相容れないものであって、同じ人間のなかに同居しえないのであろう。イタリア人は絵画、彫刻、建築、詩、音楽の分野で素晴らしい感性に恵まれてきた。彼らの美しい国土がドイツ人、フランス人、そしてスペない。

イン人の支配下に置かれてきたのは案外このせいかも知れない。だとすれば、理解できない問題ではない。

四日。私は二重の意味でついている。私が紹介状を持参した二人の人物が農村部から帰ってきている。私はそのひとりを訪問した。彼は私をたいへん親しみを込めて迎えてくれて、重要な問題のために関心をさそう話題に応じてくれた。私は彼に自分の旅の目的を述べ、さらにあらゆる国民の全体的安寧に関係する政治経済上の話題について意見の交換をするため、大都市には数日滞在していると説明した。彼は自分が農業家ではないので、私の質問の実践的な部分について十分答えられないが、ほかのたぶん重要な事柄については、できるだけお知らせしましょう、とたいへん率直に言ってくれた。私は政府の性格上尋ねて廻ると差しさわる問題まで知ろうと思ってはいません、と伝えた。私がうっかり何か厚かましいことを尋ねたときには、彼は大目に見て許してくれるだろう。彼は急いで私の話を遮って、「困ったことに、外国の方はこの国ついて誤ったイメージをいだいていて、何世紀も前にそうだったような原則でいまも統治されていると思っておられがちなのですよ。たぶん、貴方が人から聞いておられる事柄の半分は誤りですよ。ロンドン並みにヴェネツィアにも、言論の自由はあるのです。国家はきわめて賢明だから（なぜなら、そのような場合、国家は実に穏やかでやさしいからだ）、直接既存の秩序に害を与えたり、乱したりしない限り、干渉することはありません。密偵や処刑や溺死などについて、さんざん聞いてこられたでしょう。けれども、誓って申し上げますが、ヴェネツィアでは、ここ二〇年でさえ、大きく変わらなかったものはないのです」。この言葉に勇気づけられ、私はあえて人口、財源、租税、自由等やこれらの問題に影響を及ぼす政府について質問した。そして、私は彼が——有能で熱心で、知的だと指摘されてきたとおりで、世界を何回も見てきて、世界中の話題をよく理解できる人物なのを知って十分満足した。彼はたいへん親切で、どのくらい一緒に過ごせるのかと尋ねてくれて——数日間、自分はずっと家にいますから、都合のよいときに、気軽にいらっしゃいと言ってくれた。

もうひとりの人については同じようには行かなかった。彼の場合はくだらない話ばかりで何か特定の話題をしたがらないように見えたので、この人は私に得るところのある人ではないとすぐ気づいた。あらゆる政治的話題では、沈黙してもその動機は容易に察しがつく。しかし、農業の諸点、いやむしろ所領の生産高などについて沈黙するのは本当に知らないからである。女性に関しては、いまにも話題にしたくてうずうずしている。彼は外国人が女性に尽くすという習慣を悪徳と放蕩を覆い隠すものにすぎないと考えていて、きわめて狭量だと言った。反対に、彼は自分のよく知っている都市パリには、ヴェネツィア並みの習慣が大手を振ってまかり通っていると主張した。彼は精一杯その習慣の肩を持ち、その特色を強調しないようにしたが、それを消してしまうことはなかった。

しかしながら、女性はたとえ外国人が悩んでも、その非難を受ける謂《いわ》れはないし、いく人かの女性の美はペトラルカが敵を大そう美しいと思ったのと同じである、と言っても差しつかえあるまい。

大いなる敵《かたき》同士の〝美〟と〝純潔〟が

一つに和して[97]……

夜分、フランス語からの翻訳物、ファエル[98]の新作悲劇へ。ベッローニ夫婦が好演。イタリア語が力強さと迫力には欠けていて、繊細な問題にのみかなっていると指摘されたのを聞いて、そんなはずはないと驚いた。むしろ、それは愛と同情というこの上なくやわらかい香気を放って素晴らしいし、恐怖と崇高という高尚で迫力ある感情を力強く表現しているように思える。さらに、粗雑で洗練味のない表現についてさえ力強さがあると言えよう。国によって風習が異なるのは当然だが、自然の要求にかかわる恥辱の観念くらい、その差異が著しいものはない。

イギリスでは、男性はある程度人目を避けて（そのような表現をしてよいなら）小便をする。女性は男性から見えないところでする。フランスとイタリアでは、そのような感情はない。したがって、スターンの小説のなかに出てくるランブイエ夫人の話は誇張ではなかった[99]。オウターヒティ島[100]では、人前で物を食べるのは恥ずべきことで見苦しい。しかし、たまたま集まった人たちの面前で男女の営みをするのは別に不作法なことではないのだ。ヴェネツィアの劇場では、舞台のすぐ前にある最前列の席とオーケストラ席のあいだに、五、六フィートの席のない空間がある。脇のボックス席に居並ぶ女性たちのほとんど真下に座っていたある身形のよい男性がここへ進み出て、まるで路上でするかのように無頓着に用を足したのだが、私を別にすれば、誰も彼を見て少しも不思議そうではなかった。しかしながら、そんなところで用を足すのはおぞましい行為である。羞恥心は観念上のことかもしれないが、清潔は決して観念上のことではない。というのは、清潔を欠くのはまぎれもない悪弊だからである。せいぜい人口一五万人しかいないのに、ヴェネツィアは素晴らしい劇場群をそなえている。七つの劇場がある。しかも、その全部がカーニヴァルには満員になるのだそうだ。お堅い内容のオペラのとき以外はたぶん入場料が安いため、満員になっているのだ。

五日。もういちど、宮殿、教会、そして絵画のあいだをめぐる。一度にあまり沢山見たためにはっきり憶えていない。××さん〔101〕をふたたび訪問、彼と二〇点の美しい絵画よりためになる話をした。彼はヴェネツィアの庶民気質の善良ぶりについて意見を述べた。率直に言って、その意見は注目に値するものだ。すなわち、民衆が犯罪を犯しがちだとしたら、犯罪を多発させるのにかなり影響する状況というものがいくつかあると言う。第一に、市街地がまったく開かれていて、市壁もなければ市門もなく、昼夜の別なく犯罪者の逃走を阻止する手立てがないこと。——第二に、市街地の特色たる通りの狭さと複雑な方向と至る所にある運河のため、潜伏や逃亡のチャンスに恵まれること。第三に、政府は外国から、逃亡した犯人をとり戻したことがないこと。第四に、警察力がなくても、密偵制度（強調されすぎている）が充実しているから犯罪を予防できると思ったら大間違いであること。第五に、それ以上の商業と工業がないので、生活するのに困窮をおぼえる仕事のない人が非常に多いこと。第六にして最後に、政府はめったに絞首刑にしないし、その他のやり方で罰することもきわめてめずらしいこと。

こうした諸々の事情から、あらゆる種類の悪党どもがうようよいるだろうと想像しても当然であるが、真相は逆である。彼が請け合って言うには、自分はヨーロッパの都市で、ヴェネツィアより他人の生命、財産、または安心に害を及ぼす犯罪や未遂事件の発生が少ない同程度の人口を擁する都市があって、どんな武器も持たずに夜中じゅう通りを歩くことができるなんて信じられないのだ。自分の同国人に有利な結論を下すのが公平というものだ。同時に申し上げておかなければならないのは、犯罪が多くても不思議がない理由として、彼のあげた事情は実はもしかすると犯罪が露顕するのを妨げているのではないかということもある。処罰と警察がないことから、たぶん重要な結論を引き出せる。つまり、十分統治されなかったとしても、人類は常に最善の状態にあり、大多数の者は自分で思うように行動したり、感じたりしても差しつかえないし、法と規制はどんなに必要であっても行き過ぎがちだし、処罰を頻繁にすることは犯罪者に思いとどまらせるより態度を硬化させてしまうし、複雑な法は治安維持のため大勢の役人を必要とするが、治安を確保するためより破る傾向の方が強い、ということである。この犯罪を相対的に免れている状況と、わずか一五万人に七つの劇場がある状況を結びつけるのが公平である。しかも、入場料がたいへん安いので、最下層の民衆さえ、劇場へ頻繁に行けるのだ。そのことはあのルソーの輝かしい才能が反対するかもしれない一切のことより、おそらく劇場における興行のためになっている。

晩に、もうひとつ別の悲喜劇の劇場へ。そこでは、明らかに二〇歳になっていない若い女優が、さりげないが正確な演技で難しい主役の脇役を務め、この麗しいイタリア語をその年齢にしてはびっくりするほどはっきり聞きとれる発音と表現で語った。

六日。ふたたび島々とマニュファクチュア工場等を訪問。

七日。私がヴェネツィアに滞在する最後の日。そこで、私は前に見残した物を見に出かけ、それから友人の××さんをもういちど訪問してお礼を述べ、イギリスへぜひいらっしゃい、できるだけのお世話はいたしますから、と心から申し上げた。

ボローニャの飛脚号という屋根つきの平底船にして唯一の交通機関は、今晩一一時に出帆する。私は席をとり、船賃を払い、荷物を引き渡した。船が出帆する岸壁が都合のよいことにオペラ劇場に近く、しかも『無愛想だが心根のやさしい人』が演じられる初演の晩でもあったから、私はいろいろ褒めるところのあるペトリッロ氏の上等な宿屋を引き払い、オペラへ出かけた。私は本番のオペラがリハーサルの実力を十分出していると思った。それはなかなか真似できない出し物で、多くの楽しいアリアがあるだけでなく、作品全体が心地よく、マルティーニ氏の非凡な才能と趣味に面目を施している。スウィフトはオックスフォード伯とボーリングブルック子爵と食事をした後、夕方あるつまらない仁のもとへ会いに出かけた。そのことについて、彼は『ステラへの手紙[102]』の一通で、自分は一日のうちに聖人君主と悪党の両方になるのはいやだ、と語っている。私も今夜、彼と同じ気分を存分に味わった。その音楽が多くの人の目に現われたよろこびと調和して、人の感情を一定の調子に落ち着かせ、多くの人の手で奏でられる、そんな楽しくて優雅な曲目の上演から——私は一足飛びに見事な対象をなす平底船、先に述べたボローニャの飛脚号へ乗り込んだ。

一〇フィート平方くらいの船室に入り無言で座った。薄暗いランプしか燈っていない闇の中に一団の乗船客がいた。彼らは乗船客が入ってくるたびに、キョロキョロと目を動かしてその人を検分したが、迎え入れる言葉はひと言も発しなかった。風はうなり声を発し、雨は入口になる穴を激しく打った。その晩感動した私の感情はたちまち消えうせて、胸中に生じた憂鬱な気分はすぐにその場の情景のそれとひとつになった。

どんな表現力を持ってしても、私が感じでもらいたいと思うヴェネツィアからボローニャへのこの船旅を説明することはできない。船中で過ごしたときを、私はこれまで経験したもっとも不快な日々に、さらにはイギリスを出発してから最悪の日々に数えあげられる。しかし、選択の余地はなかったのだ。街道ときたら名うての悪路で、いやむしろ通行不能だから、乗合馬車などないのである。馬伝馬車に乗る余裕のある人ですら、この行程は水路によっている。トリノ駐在のフランス大使秘書、ド・ラランド氏[103]が私と同じ乗り物で同じ行程を旅しておきながら、彼の旅行記で乗り物についての不都合を一言半句も語らないのを知っていたから、船旅が大そう忌わしいなんて、私にどうして見抜けただろうか？　しかし、少し考えれば、船賃が安すぎて快適さなど望めるはずがないと、私にも分かったであろうに。というのも、全旅程一二五マイルの船賃がわずか三〇パオロ（一七シリング六ペンス）だからである。一〇フィート平方の船室（むかむかした気分にさせられる）で、終日一ダースもの乗客が嘔吐した後、マットレスが床に敷かれる。それから、樽の中の鰊よろしくすし詰めになって、マットの上に横になるのである。それが終わると、つぎの晩にはどっち側が割り振られるかなんて少しも注意を払われずに、マットは丸められ、船倉へ投げおろされる。これに、さまざまな種類の臭気がつけ加わるが、それは容易に想像がつこうというものである。食事どきには、船室は台所に早変わりし、船長は料理人になる（彼は嗅ぎタバコを嗅ぎ、指で鼻をぬぐい、ハンカチーフでナイフをふく）。他方で、彼は乗船客が食べる気力を失うまで、面前で食べ物を繰り返し調理する。しかし、船室が手狭すぎて料理のできない船に乗り換えたときには、彼はステーキとソーセージを紙に巻いて（スモリットが大陸式ハンカチーフと呼んでいるような）忌わしい旗にくるんで持参した。彼は座るとそれをひざの上に広げ、脂でべたべたのお宝をあけて、腹のすいた連中に指でつまませたのだった。なぜなら、連中はそのような食べ物でも我慢できたからである。

　イギリスの読者には、不平も言わずにそのような旅に甘んじ、乗合馬車で一緒になる普通の商人以外にもこんな連中がいたなんて信じられるだろうか？――しかもその連中ときたら、ちゃんとした服装をして無作法な様子も物言いもしていないのだ。私は個人的で家庭的な生活の快適さにひどく反しているそのような公的乗り物を利用して、つぎのような結論を得たのであった。つまり、これでもヴェネツィア、ボローニャ、フィレンツェ、ローマ、そしてナポリを頻繁に往復しなければならない人にとって、たったひとつの乗り物で、それと競合する陸路の乗り物はないから我慢しなければならない、ということである。家では奇麗にして行儀よく気楽にしている連中が、あのような旅の方法に甘んじていられるなんて信じられるだろうか？　その格差たるや、イギリス人にもそうであるように連中にも衝撃を与えたはずである。イギリス人ならできるだけの努力をして、もっと高くかかっても、もっと上等な輸送機関を作ろうとするだろう。貧しい連中を除けば、こうして旅をする人々は国民の大多数を占めるであろう。コルナーリ家の人々やモロシーニ家の人々がどのように生活しているかはほとんどとるに足りないことである。たぶん、彼らは外国で君主と見まがう暮らしをしているのだから。しかし、公共的、国民的な繁栄は下層階級の所有する動産や住宅と切っても切り離せない。ところが、彼らの動産や住宅ときたら、イギリスと比べてイタリアでは、ひどく見劣りするようだ。ヴェネツィアの貴族閣下たちはこうしたやり方では旅をしない。一般の人々はどうかと言えば彼らが逆立ちして行こうと、泥まみれで歩こうと、政府にはどうでもよいことなのである。

　私はというと、旅の行程を大半、とくにポー河の堤防上を歩いた。それというのも、先頃の恐ろしい洪水でいまや広くなったあの大河をもっとよく見たかったからだ。あの洪水ときたら、その地方の多くを水浸しにしたのだった。決壊箇所より何フィートもかさ上げされ、高い防壁になっている堤防に沿って、一〇〇ヤードか二〇〇ヤードごとに藁で編んだ小屋が建っている。小屋にはポー河の見張りと呼ばれる人が配置されていて、決壊の場合すぐ道具を持って集まることができた。ひと晩中、焚き火をしている。兵士も昼夜の別なく川守が配置についているかを確認し、――必要とあれば手助けするため、巡視している。ある有名な、人の注意を引く悪事があって、その対策にこうした警戒の大半が向けられているのである。それは、決壊すると損害が甚大だから、危険がいよいよ差し迫ると、堤防へ穴を開け、河の水を決壊しやすくするため、農民は夜陰に乗じてボートに分乗して河を横断し、自分たちの住む土地の対岸を決壊させて、安全を確保するというのだ。これを阻止するため、川守は飛脚号のような許可を受けた船舶以外のそれを川面に目撃する場合、発砲して航行を許可しないのである。いまの時期は水量豊富で、ロンドンの地点におけるテムズ河に比べて二倍、場所によってはたぶん三倍の幅さえある。

ヴェネツィアの潟湖《せきこ》からフェッラーラまで、農村部の様相についてはと言うと、どこでもそれはこれまで私が頻繁に描写してきたものとほとんど同じ様相である。つまり、土地は牧草地であれ、耕地であれ、近いところも遠いところもブドウの蔓が巻きついた短い樹木の並木で縁どりしてあるが、常に全体の景観がすぐ近くから見ても森林に近い様相を呈している。人手不足には思えない。都市と村落は数のうえで多いからだ。船運の便がよいしるしが随所にある。どの村にも、はしけ、平底船、ボートなどを多数そなえた港があるからである。コーヒーハウスはヴェネツィア領内にはとても多い。私たちの通ったどの都市や村落でも、コーヒーハウスは見つかった。私にとって幸いなことに、それは船長氏の汚れた指と汚いハンカチーフの埋め合わせになる憂さ晴らしの場であった。

ヴェネツィアを離れるにあたり、あるイタリア人に教わった二、三の状況を書き加えておこう。彼はヴェネツィアにしばらく住んだことがあり、注目した政治状況について正確な評価をするのに、その能力に疑念を差し挟む余地がない才能を持ち合わせていた。彼による共和国の有力な貴族についての説明を聞くと、それは私が領内で見聞したものなど及びもつかぬものであった。

彼によると、「大貴族の教育はヴェネツィアでは不評を買っているのです。一流の家柄の人々は啓蒙の世紀に恥となるほどの無知であるばかりか、品位に欠ける教育を施されています。彼らときたら、一生とりついていて離れない家来にしだいに教え込まれた観念に引きずられて、不作法になり、早くから悪い仲間と交わり、有害な事にふけって知識を得ていないのです。こういったことがごく一般的で、その影響力が広範囲に及んでいるので、現政府の下級機関は褒められた代物でないばかりか、とくにこのためにずっと前に崩壊してしまっていたはずです。非難されている彼らの思い上がりは悪い仲間と無知のせいなのです。悪い仲間は一流の家柄の人々自身の重みをおとしめて、漠然とながら不適当だという感じを与えますし、無知はそっと彼らを駆り立てて、ほかの人々やとくに外国人にはある、あの知識欲を包み隠してしまいます。こうしたまずい教育の不幸な結果はますます明らかになるでしょう。なぜならヨーロッパの各国は目下のところ昔より、はるかに啓蒙化され、ここ二〇年にかなり改善されているからです。当然、あらゆる国民のあいだに争いが生じましょう。それは役に立つ知識が大発展し、あらゆる知識をもっとも役に立つ目的に適用するため競走し合うものです。そのような時代には、それゆえ（彼がつけ加えて言うには）発展の止まっている国民ならどの国民でも、とくに発展の止まっている政府ならどの政府でも、大きな流れのなかで競争相手に追い越されるでしょうし、たぶんフランスの王政のように、啓蒙の光が無知に代わって輝いている人々により、踏みつぶされることになるでしょう」ということである。ヨーロッパきっての豊な血脈が目下そのような教育を体験しているとは気の毒なことだ！

　当地には、明らかにヨーロッパきっての古い家柄の約四〇家がある。ヴェネツィア以外の国々は征服されたり、撃破されたり、徹底的に滅ぼされたので、最古の家門さえ近代までしか起源をさかのぼれない。祖先の起源を一〇世紀や一一世紀までさかのぼれて、家系を七〇〇年か八〇〇年たどれる人はどこの国でもその古さゆえに、尊敬されている。そのような家門はブルボン家、エステ家、モンモランシー家、クルトゥネー家などである。それらは普通ヨーロッパで一流の家柄とみなされている。しかし、それらはヴェネツィアでは一流とはみなされていないのである。何家族かのローマ時代の家門はフン族の略奪を避けて、ヴェネツィアの島々へ避難し、当時かなりの数いたのでその国の政府に預けられたが、いまも残っており、明らかにヨーロッパきっての古いそれである。ド・ラランドはフレスドッティに従って、第一統領の選挙人を一二家に限定している。——すなわち、バドエール、コンタリーニ、モロシーニ、ティエポーロ、ミキエール、サヌード、グラデニーゴ、メーモ、ファリエール、ダンドーロ、バロッツィ、それに家系がつい最近途絶したポラーニの諸家である。彼はつぎの等級にはツスティニアーニ、コルナーロ、ブラガディン、そしてベンボの諸家を挙げ、それから評議会から閉め出されているケリーニ、ドルフィーニ、ソランツォ、ツォライ、マルチェッロ、サグレード、ツァーネ、そしてサロモンの諸家に言及する。しかし、ド・ラランド氏が旅行記を書いて以後、ヴェネツィアでは『全ヴェネト地方貴族の家系歴史辞典』が一七八〇年に刊行された。これはサン・マルコ教会の図書館にあった手書き文書によって作成されたのだが、右に挙示したリストと一致しない。そこで、私はこれから以下のリストを抜き出しておくことにした。

バドエール家、その起源は共和国とともに始まる。——ボラーニ家、元護民官の家系——ブラガディン家、共和国の大昔の時代に。——チェルシ家、ローマの古いマリィ家出身の、元護民官の家系——チョラン家、初代統領の選挙人をしている。——コンタリーニ家、初代統領の選挙人のひとり

——コルナーロ家、初期の時代からヴェネツィアへやってきたローマの古い家柄、コルネリア家出身——エーモ家、共和国と同じ時期に生まれた。——フォスカリーニ家、八六七年にやってきた元護民官の家系——グラデニーゴ家、ヴェネツィアに初期にやってきた。——マニョ家、ヴェネツィアの草創期の護民官の家系——マルチェッロ家、ローマの古いマルチェッラ家の子孫であることは明白なように思われる。この家系は最古の時代から護民官を輩出した。——ミキエーリ家、ヴェネツィアではたいへん古い、そのメンバーは初代の統領の選挙に参加した。——モチェニーゴ家、早くからヴェネツィアにやってきた。——モリン家、八七七年にヴェネツィアに定着した元護民官の家系——モロシーニ家、アッティラの侵入を避けるためヴェネツィアにやってきて、初代統領の選挙に協力した元護民官の家系——ダ・モスト家、アッティラから逃れて四五四年にやってきた。——ナーニ家、草創期以後ヴェネツィアへやってきた古い護民官の家系——オリオ家、アッティラから逃げてきた元護民官の家系——ピザーニ家、ローマの古いピゾーニ家の出で、最古の市会に参加した。——ケリーニ家、初代統領の選挙に参加した。——サグレード家、四八五年にやってきた。——サロモン家、初代統領を選出した人々の一員——サヌード家、市の創設メンバーに数えられる。——セミテコーロ家、八四三年に初期の市会に参加した。——ソランツォ家、明らかにヴェネツィアに避難所を求めた初期の時代のひとりで、元護民官の家系——ティエポーロ家、初代統領の選挙に参加した元護民官の家系——トレヴィザン家、アッティラ時代にやってきた。——ヴァリエル家、四二三年以来アッティラの急襲により逃げ込んできた元護民官の家系——ヴェニエル家、アッティラの時代にやってきた元護民官の家系——ツァーネ家、初期の市会に参加したヴェネツィア最古の家系——ツェン家、初代統領を選出する一二人の選挙人のひとりに入っていた。ベンボ、コーコ、ダンドーロ、ファリエール、フォスカリ、グリッティ、マリピエロ、マリーニ、ミニオ、ミノット、モーロ、ムアッツォ、ナダル、ペザーノ、ダ・リーヴァ、ルツィーニ、トロン、ツストといった家系はすべて元護民官の家系の出である。

以上のような家系の詳細を見ると、多くの家系が四五二年にイタリアに侵入したフン族のアッティラ並みの古い起源を持っているようだ。これらのすべての家系がその時代（その時代を否定するいかなる理由もない）にさかのぼることができるとしたら、家系の起源は一三〇〇年以上たどれることになろう。しかしながら、六九七年に共和国の一二人の有力者によって行なわれた初代統領の選挙はおよそ統治機関の制定にあっては、もっとも信頼すべき、もっとも注目すべき行為のひとつである。右のリストでは、チョラン、コンタリーニ、ミキエーリ、モロシーニ、ケリーニ、サロモン、ティエポーロ、そしてツェンといった家系が明白な出自と言えるのだ。その結果、普通は共和国では一流とみなされてきて、以前の著述家がはっきりと初代統領の選挙人のなかに入れていたいくつかの家系が排除されたのだった。二つのリストへ名を連ねている家系はコンタリーニ、ミキエーリ、モロシーニ、そしてティエポーロにすぎない。ほかの家系が統領の選挙人であろうと、なかろうと、その古さに問題はない。またたしかに、確認できる限り古さに関してみると、ヨーロッパの他の国で見られるどのような家系をも凌ぐ四〇から五〇家系がヴェネツィアに実際にいるとのことである。

当地で、私はヴェネツィアのライオンに別れを告げる。私はそれにうんざりしている。——国家が芳しくない建物を建てることになっても、それをライオンの像で飾り立てることができると思う。それは価値のない野獣である。——人間性のない狂暴ぶりなんて何のためのものか、——名誉なき勇気なんて何のためのものか？——野獣は闘って死ぬだけだし、その翼を広げて守るためではなく、シェリダン氏のコンドルのように、むさぼり喰う獲物を広げて包み隠すためなのだ。

フェッラーラ[104]で船長の用事のため、私たちは終日足止めを食った。それなのに、彼は運河から運河へ陸路で一〇マイル私たちを運ぶ馬車を引く牛がいないからだと言い張った。馬車で行くのは悪くなかった。なぜなら、そうするとその市内にあるものは多くないから、何でも見ることができたからだ。他地区に比べて新しい——新街区はフェッラーラ公、エルコレ二世[105]によって建設された。彼は全体を設計し、名声が上がるように、通りや広場を配したのだった。それらは押し並べて申し分のない幅で、十分舗装され、至る所で石柱に守られたレンガ敷の歩道がついている。トリノを別にすれば、これほど整然と設計された都市は見たことがない。ヴィッラ侯爵の宮殿は調べるだけの意味がある。その宮殿のある場所は二本の堂々とした通りを見晴らすのにたいへん都合がよい。ベンティヴォリョ宮殿はもうひとつの重要な建物である。そこには広大な庭園があり、粗悪な彫像でいっぱいだが、なかにはひもで締めた帽子をかぶり、肩飾りをつけた召使いの彫像さえあり、トゥルーズのデュ・バリー氏の庭園と同じくらいばかばかしい感じがする。[106]大聖堂には、素晴らしいグエルチーノ作の絵画があり、シャルトル会大修道院[107]には、フェッラーラの画家、ボノナによる『カナの結婚』がある。私は第一級の天才、アリオストの墓に敬意を払って詣でた。現代は卓越した叙事詩人を三人しか生んでいないのだから、イタリアにとって誇りとなるのはそのうちの二人を生んだことにある！　しかしながら、なぜ三人目がイタリアから出なかったのかという疑問の方がもっと大きい。

　フェッラーラからボローニャへ通じる運河までの街道は明らかにヨーロッパきっての悪路である。それは際立っていて、まずまずであるかに見せかけている。それは平坦で湿った地域ではあるが、自然に生じた豊な土壌で、最近の大雨のため水分が深くまで浸透しているのである。七頭の馬が馬車を一時間に約一マイル半牽引した。創造と改良は当地で試みられることのなかった自然科学上の実験である。その地方は囲い込まれていて、生け垣と堀割がある。そうした制約を受けて馬車は踏まれてできた轍《わだち》の跡へはまり込み、そこから出ることができない。私はだいたい道に沿った畑を歩いたが、その方が調査するのに都合がよかった。ボローニャ〔108〕へ夜一二時に到着。——一二五マイル。

　一二日。紹介状を届ける。ビニャーミ氏が在宅なのか分かった。彼は著名な商人で農業に精力をそそぐ、分別のある知的な人だ。三人のアラブ人屋で、あるイギリス商人によると、カールスルーエにしばらく滞在していたテイラー氏がいまボローニャに滞在しているとのことだったので、私は彼を訪問することに決めた。そのご仁はケント州のビフロンズにある私が『農業家によるイングランド東部の紀行〔109〕』のなかで説明した農地の所有者である。そこで、夜分、私はテイラー氏の社交サロンへ出かけた。彼はツアンピエリ宮殿に立派な居室を持ち、ここで、美しく愛想のよい家族と仲良く暮らしている。それはめったに見られないような美しい顔立ちの娘と息子たちで、和気藹藹としている。ボローニャに来るまで、テイラー氏はカールスルーエの宮廷から辞去していたなんて知らなかったので、私はなぜ彼が農業熱を満たすのに都合のよい地位を手放したのか、ぜひ聞いておきたいと思った。このご仁はドイツを旅していて、バーデン侯爵と知り合ったのだ。人類の幸福のために、ある種の人が感じる例の農場への情熱があったため、彼はそこでバーデン侯の農場を引き受ける気になったのだった。かくて、ケント州きっての耕作が進んだ地区出身の人がドイツで五〇〇エーカーの農場へ落ち着いたというわけである。彼は目的を達して農場を改良し、四年滞在し、侯領の大臣たちが侯爵と同じくらい理解と寛容な精神を持っていてくれたら、その国のためにいつまでも働いたはずだった。私は当人が本当に実践的だと（プロイセンの最近死亡した国王[110]のような断固たる意志を持つ君主のもとでもなければ）大陸では成功などおぼつかない、という気がする。アカデミーや協会でよく見かけるくだらない問題に精通していないと、人にはチャンスはないのである。専門語、名称と用語の知識を与え、事実と実践を至る所へ行きわたらせ給え。そうすれば、その人は成功するし、尊敬されるであろう。

　オペラへ。若い歌手ナーヴァ嬢ひとりを別にすれば、見聞きするに値しない。彼女の声はこれまで耳にしたうちでもっとも澄んで甘い音色のひとつだ。彼女には底力があるし、とても若いから、際立った表現力をそなえるだろう。出し物はパイジェッロの『コルシカのテオドーロ王[111]』であった。

　一三日。巡礼屋とサン・マルコ屋が満員だったので、私はこのひどい穴倉三人のアラブ屋に泊まらざるをえなかった。この宿屋は私がイタリアへ来てから（都市で）泊まったなかでいちばん劣悪な宿屋である。ここには、埃、無頓着、汚物、害虫、そして厚かましさという人を大嫌いにさせる条件がことごとくそなわっている。人は誰でも、どこでも、いつでも同じように、座ったり、歩いたり、食べたり、飲んだり、寝たりはできないのだ。

宮殿と教会めぐり。ツアンピエリ宮殿内にある絵画の大コレクションには数点の素晴らしい価値の作品があって、それらの前では感嘆のあまり観客が釘づけになってしまう。グイード[112]作の『サン・ピエトロ』、グエルチーノ[113]作の『ハガル』、アルバーノ[114]作の『ダンス』である。コシャン氏に言わせると、グイード作の絵は傑作であるばかりか、イタリアきっての洗練された絵画なのだ。要するに、それはイタリア絵画のありとあらゆる分野を合わせたなかでも傑作であり、もっとも完璧な絵なのだ。それはたしかに二人の人物からなる大そう堂々とした作品だが、惜しむらくは多くの人に語られる物語的詩情に欠けている。嬉しいことに、グエルチーノ作の絵には爽快な表現があり、それは美しいものを対象にしていて、大いに効果を上げている。それは絵画というより現実を反映している。もっとも、それをコシャン氏はたいへん美しいとだけ言っている。ハガルの表情は心の琴線に触れる何かを語っている。哀れをさそう子どもの純心さは母親のあらゆる感情とひとつになる。アルバーノの描く絵の配色がかもし出す甘美な暖かみと淡い柔らかさは表情の新鮮さをもたらして、とても真似のできるものではない。サン・ジョヴァンニ・イン・モンテ教会には、ラッファエッロ[115]の有名な『法悦の聖女チェチリア』がある。それをロバート・ストレンジ卿は立派な版画にして、正当な評価をしている。そのほかに必見の絵画は二点、サン・ドメニコ教会内にあるドメニキーノ作の『聖アグネス』と托鉢修道会にあるグイード作の『玉座のヨブ』である。

ビニャーミ氏と会食。彼はひとかどの商人であるから、イタリアでこのような歓迎にあっても驚くにはあたらない。彼が親切で私に多くの質問をさせてくれたから、大勢のお客のなかにいたのに時間を無駄にしないですんで、すごくよかった。晩には、テイラー氏のところへ。このご仁の話は私の研究には興味深い。というのは、彼はいつも農業が大好きで、いろいろな情報を得て実践にのぞみ、成功したのだった。とても可憐なイギリス人女性を妻に持つマレスコッティ侯も出席している。彼は思慮深い人物で、十分の一税や税制についてする私のいくつもの質問によろこんで応じてくれているようだった。彼は妻をともなって外出し、そのために愛人を必要としないとか、いないとか言われるボローニャでは、変わった男である。このために、彼はまるで足の代わりに逆立ちをして歩いているかのように、相当な奴だと同郷の者たちにみなされている。イタリア貴族たる者が好きで結婚した女性と連れ立って歩くのを好み、自分の子だと信じて子どもを抱くとき、嬉しいと思うとは同郷の連中にはどんなに変に見えることか！

当地で私は、ナポリへ行く途中のフランス貴族ルヴリュール男爵とブイエ侯爵夫人に出会った。二人とも感じのよい人たちらしい。テイラー氏と二人の魅力的な娘たちは当地で明らかに和気藹藹としたグループを持っている。彼女たちはその土地生まれの人と同じくらい上手にフランス語とドイツ語を話すが、イタリアを離れる前にイタリア語も同じようにものにするだろう。彼女たちは好んで絵を描くし、なかなかの音楽的才能を持っている。かくて、嗜《たしな》みは人の本性から魅力を引き出すのに役に立っている。今晩、私は上のお嬢さんから家計費の支出について多少教えてもらった。一パオロが六ペンスで、一パオロが一〇バヨッコだと仮定するなら（別の場所ではもっとするが）、支出から見て、イタリアの物価は安いことになろう。牛肉、羊肉、パンなどについても、それらはヨーロッパでやはり安価なので多分に注目すべきである。肉が上質の場合、通常は高価である。肉が質で劣る場合、安価だとみなされている。しかし、その違いはほとんどとるに足らない。テイラー氏は仕出屋と食事の契約を結んでいて、客の応接用九人分、使用人用五人分で、一日当たり正餐用で二〇パオロである。夕食用に、彼は割増料金を払い、満足のいく食事を提供される。――ボローニャの物価が安い十分な証拠。注目すべきことはボローニャとイングランドでは物価に差異がないにもかかわらず、契約をするかしないかで大きな差異が出てしまうことである。イングランドの比率で言うと、ボローニャでは数パーセント上がるにすぎないが、イングランドでは一〇〇パーセントぐらい上がってしまうのだ。生活費が高くつくか安くつくかは一ポンド当たりの価格によるのではなく、生活様式によるものだという確かな証拠である。誰であれ、イングランドの居酒屋の親父だろうと、仕出屋だろうと、その手の同類の連中だろうと、値をつけるということになったら数年で一身代作れるような値をつけるであろうし、使用人ときたら、これまた主人の言いなりになって我慢させられることなどしないで、たちまち言うことを聞かなくなるだろう。

一四日。ビニャーミ氏とその家族と一緒に、ボローニャから約五マイル離れたピストイアへ向かう街道筋にある彼の農村部の別宅へ。心地よい一日を送り、それをそっくり農業へ充てた。屋敷は美しいし、立地がよい。もてなしは実に心がこもっているし、清々《すがすが》しい、思いやりのある散歩に連れ出してくれて、その際小作地の耕圃ごとに指摘してくれた情報にはほとんど間違いがないようだ。この農村部の別宅がおかれた状況は注目に値する。というのも、それは泥棒が多いことを示しているからである。部屋の窓という窓がぴったりと念入りに釘で留めてあったので、理由を尋ねてみた。すると、最大限に注意を払っていないと、泥棒が押し入って、家から運び出せる物は何でも盗ってしまうとの返事であった。窓と戸扉をふさぐ鎧戸には、鋸で引き切られないように、鉄製の棒がはめ込まれていた。このような状況から引き出せる結論としては一見したところ、たしかに下層民には不利である。——だが、そうした見方は無論不当である。というのは、下層民がそのようになってしまうのは一国の警察、法律、そして政府のせいだからだ。

夜分、ふたたびテイラー氏のところへ。別に入場資格を必要とするわけでなし、お出入り自由のお宅。そこへマレスコッティ侯が居合わせる。彼は親切にも私の質問に注意を払い続けてくれて、ある貴重な情報を提供してくれた。また、私は農業についてアルドロヴァンディ伯とも話ができて嬉しかった。

三人のアラブ人屋には、二、三の居室に通じていてお客も一緒に使用できる部屋がある。滞在客のなかに、あるイギリス人を待って一緒にヴェネツィアへ行こうとしている若きバレリーナがいた。彼女は可愛らしいし、話好きであった。いくつかの高価な装身具を身につけていたが、それらは恋人から贈られたのだった。彼はイギリスの製造会社に所属するいわゆる騎上セールスマンである（なぜなら、彼女はあけっぴろげで隠し立てをしなかったからだ）。居合わせたあるイタリア商人によると、製造業におけるイギリス側の利潤は莫大に違いなかった。さもないと、会社は経費のかかるセールスマンなどとても置いておけるものではないからだ。数人のセールスマンが都市から都市へイタリアの宿駅に沿って旅をしていて、到着すると、旅の途上で得た慰めに浸って楽しむのである。

一五日。テイラー氏のお宅で出会ったフランスの貴人、ルヴリュール男爵とブイエ夫人、さらにグリマルディ氏と、スコットランドの貴人[3]でジュネーヴから到着したばかりで、フィレンツェへ行くステュワート氏と一緒に、フィレンツェまで旅をする約束ができた。今朝、私たちは三台の乗合馬車で出発した。ボローニャからフィレンツェまで、農村部はすべて一様に山地である。その大半は貧弱で痩せた山地と荒れて手入れをしていない、そして保全の悪い森林で、わずかな散在する耕地でまだらになっている。家屋が大半の地に散在しているが、きわめてまばらである。私たちはロヤーノで多くは豚の餌も同然の食事をした。私たちの前には、テーブルクロスを広げてくれた。それはかつて白かったが、御者たちのタバコ臭い脂手ですっかり汚されてしまったのだった。私たちの食事は黒米入りのブイヨン、臭い油でいためたレバー、前の日の残りの冷たいキャベツだったが、ブイヨンといったところで、リュクルゴスの哲学を汚すことにはならなかったはずである。[116] 私たちはすぐさまソーセージ、玉子とか上等のパン、玉ねぎを要求したが、なかった。

私たちはコヴィリャーヨで恐ろしい疥癬にかからないようにと願って、着たまま横になったが、眠れなかった。このような街道筋に、このような宿泊施設があるなんて実に信じがたい。これでもヨーロッパでもっとも人が泊る旅館のひとつなのだ。パルマ、ミラノ、あるいはヴェネツィア経由でフィレンツェへ行こうが、ローマへ行こうが、ナポリへ行こうが、つまりフランス、スペイン、イギリス、ドイツ、そして北方各地からと同様、ロンバルディア地方各地から、この道筋を通れば、必然的にどの宿駅でも、事故とか仕事とか何らかの予定の変更でボローニャとフィレンツェのあいだで泊まる気になる人の心をとらえるためには、かなり上等な宿屋を必要としよう。快適に泊まることのできる唯一の土地はボローニャから約四〇マイル離れたレ・マスケーレである。しかし、宿駅以外の何らかの方法を利用する旅行者には、六四マイル中の四〇マイルでは区切りが悪かろう。交通量が一〇分の一しかないイングランドの街道には、四、五マイルごとに、上等な宿屋が現われよう。それらはここらで泊まろうかという距離にあって、客を礼儀正しく迎えてくれる。しかし、イングランドとイタリアのあいだには、人生の楽しみ方をめぐって、はなはだしい格差があるのだ。しかも、それはドーヴァーとカレーをへだてる海峡よりはるかに大きいのだ。――二七マイル。

一六日。トスカーナへ入国する際、私は手荷物検査を受け、それをフィレンツェまで鉛で封印された。この国へ足を踏み入れるや、重農主義者の大きな過ちに気づく。彼らは互いに少なくとも二〇の著作で、大公が自分たちの計画を採用し、土地の純生産高にかかる一切の税をひとつに統合した、と繰り返し指摘した。

数マイルのあいだ雲の中を通って、アペニン山脈のいちばん高い山の背を横切り、見通しのきかないままに、しばらくのあいだ豊な地方をレ・マスケーレに下った。宿屋からの眺めは興味深いし、美しい。当地で、私たちは女性の体つきと魅力の驚くべき変化に気づいた。その土地の女性は目鼻立ちのはっきりした美人で、その服装はたいへん似合っている。上着については袖に襞がつき、パフで結んであり、色とりどりのリボンがついている。つば広の帽子はイギリスの乗馬服の女性によって着用された帽子に似ている。顔の色つやはよく、その目は美しく、大きく、そして表現に富んでいる。私たちは明るいうちに、フィレンツェへ到着したので、市内を取り囲む山の上まで至る所にびっしりと広がった多数の白い家を見て感嘆の声を上げた。しかし、市内に入る前に、わがフランスの同行諸氏について若干付言しておこう。男爵は明るく行儀のよい人で、分別のある人に似つかわしい観察力がある。ブイエ夫人の人生は上手に書かれれば面白い小説になるであろう。先の戦争の初期、彼女は夫と一緒にサント・ドミンゴ島[117]へ行った。夫はそこへかなりの資産を所有していたのだった。帰国の途中、三時間に及ぶ激しい交戦の後、彼女の乗ったフランスのフリゲート艦はイギリスのそれによって捕獲されてしまった。彼女はキンセール[118]へ、そこからダブリン、次いでロンドンへ連行された。これが多くの出来事とともに、とても楽しげに語ってくれた粗筋である。多くの出来事のため、彼女は続けて動かざるをえなかったのである。フランスにおける現今の混乱のため、彼女と男爵は無数の他のフランスの旅行者と同じ憂き目にあうことになったのだと思う。その旅行者たちはイタリア各地に信じがたいほどの数になって群がっている。彼女は快活でよく話し、多くの世界を見てきて、感じのよい旅の道連れをなしている。――三七マイル。

一七日。昨晩、当地[119]へ到着した際、私たちは黒鷲亭と翼屋が満員で部屋をとることが、できなかった。有名なメッゴ氏[120]は予約済みだと称して、返事をする前に私たちの馬車をつぎつぎにのぞき込んで品定めをし、それから私たちがお金を弾みそうにないと見てとって、予約でいっぱいだと言った。多くの上等で申し分のない家具の入った部屋をそなえたフランスの盾屋に、私たちのほしい居室が全部見つかった。しかし、通常より高めで、一日当たり一人一〇パオロだった。同行の商人氏は明朝リヴォルノへ出立する。一行の一部は宿舎探しのため別れる。

大公の私設秘書、ド・ストレーンズバーク氏を訪問。彼宛の紹介状を持ってきたからだ。私はついていなかった。なぜなら、明朝宮廷が避寒のためピサへ行くので、彼が交渉やら契約に忙殺されていたからである。これではまったく役に立たないと思う。なぜなら、農業家に情報を与えたり、もらったりできる宮廷がこの宮廷より外にあるとでも言うのだろうか？ 私の旅の目的は他の宮廷でその道筋の障害を取り除けるような類のものではないのだ。それなのに、大公は注目の対象についてのヨーロッパきっての賢明な君主だという評判である。この国の君主についてはこれで終わりにしよう。――数人の立派な農業家をこの国で見つけさせてほしい。そうなれば、私は満足するから。

一八日。今朝、侯爵夫人、男爵、そしてステュアート氏と宿舎（フォッシ通りにあるイギリス人御用達の仕立屋）を決めた。友人のサイモンズ教授は私にフィリッポ・ネリ閣下宛の紹介状を書いてくれていた。ところが、彼は死んでいた。しかし、彼の弟、ネリ氏が存命中であるばかりか、農芸学会の会長であると聞いたので、私は彼を訪問し、亡くなった兄宛の紹介状を手渡した。彼は私を丁重に迎えてくれて、ヤングという名前がカゾ侯〔121〕の書いた『社会機構』のなかで引用されているのを思い出し、私が当の本人だと知らされると、この独創的な著者がイギリス国債の理論を構築するため、私の算出した計算見積りを利用したと指摘してくれた。それはすこぶる好奇心をそそる問題で、彼が私と大いに語りたがった問題である。彼は、私がその国債をたいへん害があると考えているか、と尋ねた。そこで、私はつぎのように説明したのだった。私には、カゾ侯の著書には新奇で独創的な点と多くの重要な点がつまっていて、とくに植民地機構への非難で異彩を放っていると思うが、イギリスの国債に関してはというと、それは借りた人々の不正と貸した人々の愚かさに端を発しているが、結果としては諸税を永続化させて、勤勉な人々から金を徴収し、怠慢な人々にそれを与えてしまうことになりはしまいかと思う、と。イギリスの自由が世界中の他のどのような国よりイギリスを繁栄させているのだが、それは国債があるからではなく、かくもはなはだしい悪弊のせいなのだ。——そうですねぇ、と彼は答えた。私は貴方とそっくり同じ考えですよ。ある国が毎年八〇〇万か九〇〇万ギニーも利子を払っていながら、それでも弱体化し貧しくならないなんて考えられませんからね。それから、彼は私の予定を尋ね、旅の目的を大いに褒めてくれた。よろこんで言ってくれたことには、私の旅の仕方は大多数のイギリス人の旅と似ていないので、欲しい情報を得るのに妨害を受けなければよいが、ということであった。さらに、彼は申し訳ないことに、自分はピサへ行くところであって、さもなければ、実践的な農業家ではないが、できることなら、いろいろ情報を入手させてあげるところなのに、と言ってくれた。ネリ氏は情報通で、分別があり、そして賢明なように見えるし、役に立つ問題について、とくに政治経済のさまざまな部門についての書物の大型コレクションを持っている。話から、それらを伊達に持っていたわけではないことが分かる。

私はメディチ家のヴィーナス像について、またヴィーナス像の無数の模造品について、さんざん読んだり聞かされてきたにもかかわらず、原物の表現するものに好奇心をいだいたので、扱いにくい女神を見んものと、後陣へ急いでいった。あのような神々《こうごう》しい美を語ることは、言葉を選んでも容易なことではない。何らかの熱意を感じたとき、称賛するにはとかく誇張をともなうものである。また、このように大理石に生命を吹き込んだと言ってよい芸術家の才能に触れて、感嘆せずにいられる人がいるだろうか？　かりにメディチ家のヴィーナス像のモデルがその彫刻と同じように美しい女性で、しかも誰かに熱烈に恋しているため二重に生命を与えられていたと仮定しよう。それでも、これまで私が見てきたこの名高い彫刻の模造品と実物の彫刻との大きな差に比べれば、その生きたモデルとこの無比の彫刻との差は、たとえモデルの恋人の目から見ても、微々たるものにすぎないであろう。それを見ていると、まるでその大理石の像がなかったかのような気持ちになる。冷たい大理石は血が通ってきそうだし、手で撫で摩れば、それに応じそうな気がする。これほど素晴らしいものは絵画にはない。この素晴らしい像の稀有な価値を示す確かな証拠は、その前に思いつかれたどんな着想も表現で及ばないことにある。彫刻術が生み出す現実感は想像力の期待するものを超えている。想像力が創造の分野に分け入り、人間以上に美しいニンフでそこを一杯にしている。かくて、命を想像して吹き込むことは石に魂を宿らせることと同じである。模造品が仕上りではありふれた作品がもたらす効果を凌ぐというのは凡人には考え及ばないものだ。同じ陳列室に、ほかの彫像もあるが、ヴィーナス像を前にしては誰も見る気にはなるまい？　しかし、それらは世界でもっとも美しい彫像のいくつかである。いつか見てみることにしよう。実際、立派なコレクションをなす絵画のなかでは、私の目はラッファエッロ作の『ユリウス二世の肖像』に釘づけになった。私が所有していれば、彼があんなにもしばしば繰り返し描いたお気に入りの画題、聖ヨハネのためであっても、手放しはしないであろう。この絵のなかの色調は北方の人間が見慣れている以上の生命力を画布に吹き込んでいた。しかし、ティツィアーノの絵がある！――ヴィーナス像はもうたくさんだ。――同時に大理石に命を与え、画布に息吹を吹き込むなんて、もう十分すぎる。――視覚上の贅沢をもうよしにして、盛り沢山の魅力で飽きないようにしよう。ありきたりの物の面白味のなさに舞い戻り、いつかふたたびやってきて、新鮮な感嘆の気持ちをいだいて眺めよう。

午後、約束により、『農業学講義』やその他高く評価された労作の著者、聖堂参事会会長ラストリ氏〔122〕のところへ。彼宛の紹介状を私は所持していた。彼は実践的な菜園の管理人、ツッキーノ氏のところへ私を連れていくことになった。ツッキーノ氏宛にも私は紹介状を持ってきていた。私はこの菜園を見たいと思わなかった。――すると、雨が加勢してくれた。なぜなら、見て廻ることなど私たちにはできない相談だったからだ。反対に、そのご仁がラストリ氏のところへ来てくれたので、私はお気に入りの話題について意見の交換をさせてもらえた。ツッキーノ氏は活動的な性格のようで、私に仕事をよく思われようという心づもりで農業について語り、私がフィレンツェに滞在中は何なりとできることならお手伝いしたいと、愛想よく申し出てくれて、あの菜園を他日視察させてくれる、と約束してくれた。

夜分、オペラへ。チマローザ作の『欺かれた陰謀[123]』。歌は下手だし、ダンスはひどいが、その分だけ楽曲はよい。ボローニャのテイラー氏のところで会ったことのあるハリントン（息子の方）という名のあるイギリス貴族が話のなかに割って入ってきて、四方山話のなかで、当地にレディー・クレイヴン[124]と一緒に来ているアンスバッハの侯爵がスペインの羊を自領へ輸入したので、その問題について私と話し合うため、個人的に知り合いになりたいと思っておられる、と言った。私は農業に関心があってよい品種を輸入なさるくらいの君主となら、それについてお話しできるなんて光栄です、と答えた。父親の方がまもなく私たちの話のなかへ入ってきて、たぶん息子さんの方から話を聞いていて、伯爵が農業をたいへんお好きで、大改革をされた、とこれまでの経緯を説明してくれて、「私が紹介されたいと思うなら、ご紹介します」、と言ってくれた。これはまたとない話である。――外国君主に宮廷以外の地で紹介してもらいたいと表明するのは不躾な割り込みをすることのような気がした。なぜなら、自分をそのような君主ら一行へ売り込もうと思うことくらいうんざりさせられるものはないからだ。そこで、伯爵が私と話をしたいと思っておられ、それをよかれと思うやり方で知らせてくださるなら、私は自ら進んで敬意を払いにまいりましょう、と返答した。伯爵はオペラ劇場内におられた。ハリントン氏は私のもとを離れ、彼のところへ出向いたようだ。もっとも、その話には誤解があったようだ。なぜなら、著書から判断すると、レディー・クレイヴンは農業家にそんなに重きを置いていないようだからだ。

一九日。王立農芸学会の事務局長タルティーニ氏と、当地駐在イギリス公使ハーヴィー卿[125]を訪問。

二人とも不在。ふたたびギャラリーを訪ねたので、あのよろこびが蘇ってきた。あのよろこびは溢れんばかりの多量な作品群のなかで感じ取られるものだ。ティツィアーノ作の『ウルビーノのヴィーナス』は、たぶんこの世で見られるもっとも美しい人物画であろう。アンニーバレ・カッラッチ作[126]の『サテュロスと森の精』、コッレッジョ[127]の作品、カルロ・ドルチ[128]の作品がある。――彫像には――『アポロ』、『レスリングをする男たち』、『磨く人』、ありのままの『風呂桶から立ち上るヴィーナス』、『ガニュメデス』――なんと驚嘆すべきコレクションなのだろう！　無邪気にも、私は長年イギリスにある彫像を見て楽しんできた！――でも、その手の楽しみはお終いだ。反対にあらゆる努力を払っているにもかかわらず、人は（楽しみのためでなく批評家として見る芸術家でもない限り）ああでもない、こうでもないとひっきりなしに比べて、価値があるかもしれないが、強い印象を与えた他の作品よりそうでない作品を突き放して眺めざるをえないのである。しかし、このギャラリーの絵画と彫像はかなりの数にのぼるので、その真価に適切な注意力を払って鑑賞するには、当地で六カ月間、一日二時間歩き廻らねばならない。午後、農業に関する若干の労作の著者、ファッブローニ氏[129]を訪問。それらの労作のおかげで、彼は一躍有名になったのだった。なかでも、一七八〇年、パリで印刷されたフランス語の小論文「農業の現状についての省察」が重要。それは、これまで試みられたことのある自然哲学上の近代における発見をもっとも良好なかたちで農業へ適用した例のひとつであって、かなり評価できる仕事である。私は彼と二時間にわたって気持ちのよい、有益な会話を楽しんだ。彼は活発で、大いに情熱的で、そのうえ潑剌としている。自分自身の力で物を考えることができるという大切な才能は人が持ちうる最良の特性のひとつである。それを持たずしては、私たちは互いに束縛され、後に従う馬車馬にすぎなくなる。彼は農業と関連したトスカーナの政治にもよく通じている。

二〇日。早朝、約束によりタルティーニ氏の家へ。私の気に入りの話題と彼が贈呈してくれた何冊かの著書のおかげで、彼の関心事につき合うことになる。とりわけ、補助金不足で廃止されたため、『フィレンツェ農業誌』が話題になる。彼はラストリ氏邸へ連れていってくれ、それから私たちは一緒に、大公が必要な労力のほかに年額三〇〇クラウンを補助するツッキーノ氏の実践的な菜園へ行った。件の教授が夏季に講演している。そのような菜園施設は君主には名誉となる。君主が重要な事柄に注意を払っているからだ。しかし、たいへん残念なことに、連中はそれ以上の段階には進んでいなくて、菜園に代わる、イングランド流に言う三〇〇エーカー以上の農場は所有していない。連中の大半は農場の所有者である。立地条件のよい農場は簡単に選べるし、そこで必要な経費はそこからあがる実際の収益でそっくり賄うことができる。ツッキーノ氏の菜園は私がこれまでイタリアで見たことのあるどの菜園よりも、はるかにきれいで整備されている。しかし、国民的農業の改良に適切な実験をわずか数エーカーの土地で行なうのは容易なことではない。彼は活発で生き生きとしていて、研究（イタリアではなかなかの取柄になる）に愛着を持っており、大公が彼でよしとして、ナポリ国王が友人のバルサモ氏を介して実施したように――彼を実験のためイングランドへ派遣するなら、その時代に大いに役立つであろう。私が彼にそう言うと、彼は大いによろこんだ。

私たちはバルサモ氏を多少話題にして、彼にはなかなかの才能があり、元気溌剌としているという点で意見が一致した。私は彼がわずか一年しかイングランドに滞在できなかったことを残念に思ったが、こんなに短い期間を上手に利用した人も少ないと思った。ツッキーノ氏は私の農場についての手書きの報告書を見せてくれた。それをバルサモ氏が彼に送ってくれていたのだった。(4) シチリア島のある農学教授を賢明にも君主が農学教育のためイングランドへ派遣することは、私には人間精神史における新たな時代の始まりのように思える。実りの多さと耕作のため、古代きっての有名なその島に、近辺の人々はパンのための豊さを依存してきたし——そのやり方を大国は真似するだけの価値があるとしてきた。それは私たちがまだ森の中に住み、野蛮さのため蔑《さげす》まれ、苦労して征服するだけの価値はないとみなされていた時代のことであった。何がかくも大きな転換をもたらしたのであろう？　それを説明するには二語で十分だ。私たちは自由になっていたのに、シチリア島は隷属化していたのだ。

菜園で、私たちはミラノからやってきた友人、アモレッティ師と一緒になった。それは私にとってついている新しい状況だった。今日、回廊を散歩していて、以前言及したことのあるご仁の兄弟で、農業について二、三の論文の著者でもあるアダモ・ファッブローニ氏と少々話をした。彼の仕事は私が『農業年報』にある引用を挿入したことのある、とくに「土地の価格評価についての真の理論を明らかにすることについて」——と、七年住んでいたペルージアで刊行された『農業誌』である。しかし、後者については、三年以上続かなかったので、彼は辞めたのだった。現今、フィレンツェにはこの主題についての著述家がどれだけ多いことか注目すべきである。二人のファッブローニ、ラストリ、ツッキーノ、タルジオーニ、それにアモレッティ師につき添われて、私が農村部に訪ねることになるパオレッティの諸氏がいる。パオレッティ氏は日頃自分の農場に住んでいるので、いちばん実践的なのだそうだ。

　私は今日ひとつの彫像、つまりラオコーンの群像というバンディネッリの模造品に思いを馳せて、心地よく一時間を過ごした。ラオコーンの群像とは近代の名誉となる作品である。私はこれがなくても、別の非常に有名な作品や私が過ごした高貴な所有者、オルフォード伯との多くの非常に気持ちのよい、為になる時を思い出すことができた。

　二一日。今日タルティーニ氏はアモレッティ師と私に彼の農村部の別宅へ行く約束をしていたが、ひっきりなしに雨が降った。イタリアの天気はこのようなものだから、多くの人がそれを好きになれない。実際、イングランドの天気の方がはるかにましだと思う。――蒸発の作用が強くなければ、住めたものではあるまい。過去五週間くらい雨が降った。イングランドの一年分より多く降ったと思う。

　夜分、ファッブローニ氏の社交サロンへ。そこで、私は美術館館長のペッラ氏、郵便局長のガイェターノ・リナルディ氏、名前は忘れたが、大公領の行政官たるもうひとりのご仁、それにアモレッティ師らに会った。――一同が多くの国々の多数の社交仲間のように、ありきたりの話題についてつまらない無意味な会話をするために集まりを持ったのではない、と知ってうれしかった。彼らはすぐ、私がファッブローニ氏と行なった討論に参加した。しかも、ファッブローニ夫人自身相当な理解力があって、討論に参加した。ちなみに、このご夫人は若いし、美しいし、スタイルがよい。ティツィアーノが生きていれば、画布に描いて不朽の名声を博した作品に劣らないヴィーナスを彼女から描くに違いない。というのも、彼の原画は理想的な美しさはなく、現実味を帯びているのが明らかだからである。ファッブローニ夫人はここにいるが、ティツィアーノはどこに見いだしえよう？

二二日。午前中、元老院議員ジノリ侯のサロンへ。フィレンツェの何人かの文人らが集まった。イングランドではユージオメーターの実験で有名なフォンターナ騎士[130]、ツッキーノ、ラストリ、アモレッティ、当地では農業の知識で評判をとるパッキ侯、ペッラ氏等。普通、サロンは夜分に開催されるが、ジノリ侯のそれは週に一度、午前中に開催される。この貴人は私をきわめて丁重に迎えてくれた。なるほど、彼は本当に重要なことには何でも関心を持つので有名で、理性的に農業について語り、以前フィレンツェの近隣にイタリアきっての重要な磁器工場のひとつを自身で設立したのだった。陛下の特命全権公使ハーヴィー卿、さらには多数のイギリス人一行と食事。一行とはエルコー卿夫妻[131]、チャトゥリス氏夫妻、ヒューム卿、ベックフォード氏夫妻、ディクビィ氏、テンペスト氏、ヒューム卿と一緒に旅をするセント・アンドリュー大学の歴史学教授、クレグホン博士とその他一〇名か一二名の人々である。私はサファクでハーヴィー卿夫妻と知己を得ていた。だから、ご夫妻は初対面というわけではないが、ほかの人々については、少しも知らなかった。一行は議論をするには多すぎた。多くの点が得られるはずだったのに。私はあるイングランドの学寮の特別研究員のそばに座ったが、私の足と彼の剣が私たちの交わした会話の回数以上にぶつかる始末であった。ある人物が枢機卿とか貴族とか、有名な美女を相手に話を始めると、私はいっぺんにお目でたい連中のなかにいる自分の立場に気づいた。しかし、ごく自然な様子で寛《くつろ》いでいたチャトゥリス嬢が向かい側の私を慰めてくれた。

この夕食（中途まで素晴らしい食事だった）で、めったに失敗したことはないというのに、私は一同のなかで場にそぐわない服装をしていた。しかし、私はまるで粋《いき》な身形か優美な身形に身をつつんででもいたかのように、頭の中はすっかり冷静で、すっきりしていた。以前には、こうしたひとりだけはみ出した情況にいると、当惑してしまい、そわそわしてしまうこともあったものだ。幸運にも、私はその失敗を埋め合わせすることができた。[132]クインは自分は地味な格好をするわけにはいかないと述べたが、そのことで彼を軽蔑せざるをえない。彼は才気に富んだ男なのだから、その気になれば頭にズボンをまとってでも笑われずに済ませたろうに。しかし、私のような男は会話の才がないので、クインが感情を十分抑制する前に、立派なコートとかダイヤモンドの指輪に助けを求めることになろう。

ハーヴィー卿はこの上なく親愛の情を込めて、私がフィレンツェに滞在中は自分の食客になってはくださらないか、と言ってくださった。――つまり、三時に一人前の食事を出してもらえるということだ。なぜなら、当地では、夕食を出す習慣がないし、ハーヴィー卿が不在なことはめったにないのだから。このことはフィレンツェの生活習慣を説明している。ミラノでは、大がかりな正餐会が絶え間なくあるが、当地では、貴族がそれを決してしない。私はお互い一緒に食事をする習慣がない社会に多少でも値打ちがあるとは思わない。訪ねる紹介状の持ち合わせがない場合、サロンは役に立つ。――しかし、サロンは選ばれた人々の夕食会で人が得るものより、はるかに劣っている。イギリスでは、夕食会なしには会話は弾まない。イタリアとも同じだが、食後すぐ席を移動するフランスの習慣はこのために一日のうちでいちばん有効な時間を台無しにしてしまう。

二三日。美術館へ。そこでは、ニオベーとその子どもたちの身の毛がよだつ物語が石に刻まれて、さも恐ろしげに語られているので、見る者の心に悲しみの感情を引き起こしている。アポロの人も殺せる矢から自分の子どもたちの最後の子を守ろうとする哀れな母親の行為は、なかなか真似のできるものではない。子どもたちのなかの末っ子の像は完璧だ。私の心をこの上なく打った二つの像は、左手に自分の衣服を引き寄せた息子ともう片方、反対側の隅の娘である。彼の顔の表情は最高の仕上りで、ポーズも全体像もたびたび修復されているが、ずば抜けている。娘像は後ろに延ばした片方の手で衣服を引き寄せ、飛翔を加速させようとしている。彼女は風に向かって動いている。衣服の上から透けて見える姿勢と動作くらい美しいものはない。精一杯の力をみなぎらせ、輝きにみちたポーズをとる集団像もある。それでも、私は評論家でなくてよかったと思う。というのも、もしそうであったら、ド・ラランド氏が言うように、人物像の大部分が駄作だと知ってしまって、感嘆する気持ちなど失せてしまっているだろうからだ。たしかに、人物像は一様ではなかった。それらはギリシアの彫刻家スコパス〔133〕の作品である。

メッゴ・ホテルで、エルコー卿と食事。ヒューム卿、テンペスト氏、ティルヒット氏、それにエルコー卿の家族とクレグホン博士も同席。ちょっとした愉快な会話。若い人たちはローマへ歩いていくスポーツへ参加した。そう——私はそれが好きだ。イタリア人が目新しいものに興味をいだくなら、通りすがりのイギリス人たちでも役に立ってそれを紹介できよう。

二四日。午前中、フィレンツェ北方四マイルにあるジノリ侯の磁器マニュファクチュア〔134〕へ、アモレッティ師とツッキーノ氏と一緒に。繁栄しているといわれていて、そのとおりである。それは立派な製造工場で、多くの外観とデザインは優美である。あらゆる古代の像とブロンズ像の鋳造品が製作されている。そのいくつかは見事に仕上げられている。製造された皿は一枚一ツェッキーノ（九ペンス）で、一二人前一揃いが一〇七ツェッキーノ。マルテッリ侯の別宅、とても美しい住いへ。この貴人はツッキーノ氏の友人で、農場と工場の視察日にするつもりだという私たちの気持ちを理解して、食事の準備と、情報提供のため管理人の同席を命じてくれたが、生憎先約があるとかで、マルテッリ侯自身は出られないとのことだった。たいへん立派な食事を供された。このような場合には多すぎる量。——しかも痛飲した。——イギリス流に、上等なブドウ酒で、農業の成功を祝して！　それから、管理人が農場のあちこちに案内してくれた。彼は知的な男で、私の多くの質問に答えてくれた。明らかに、農業についてかなりの知識を持っている。夜分、フィレンツェに帰着。

二五日。早朝、アモレッティ師と一緒にフィレンツェの南七マイルにあるヴィッラマニャのパオレッティ氏のところへ。その聖堂区の主任司祭であったこのご仁は、イタリアのこの地方では農業に関する最大の実践的著述家だといわれてきた。というのも、彼がいつも農村部に住み、優れた農業家という評判をとっていたからであった。私たちは彼を自宅に訪ね、彼の農場を視察し、多くの情報を得て、たいへん有益な日を過ごした。しかし、この農場という表現にイングランド流の観念を結びつけてはならないことに注目すべきである。なぜなら、パオレッティ氏のものは三つの農場からなっていて、つまり三軒の家の各々にはひとりの農夫とその家族がいて、土地を耕し、収穫物の半分を手にする分益小作風であったからである。この経営方式が採用される場合はいつも、善かれ悪しかれ共通した農業になると見てはならない。大評判をとり、しかもそれが当然のフィレンツェきっての実践的な著述家がほかならぬ分益小作農の農地を所有しているにすぎないと知ったら、イギリスの読者はさぞびっくりするだろう。しかし、パオレッティ氏を非難するなんてことはこれっぽっちも考えないことにしよう。というのも、この点では、彼は君主と同じ部類に属しているのだから。その君主の農地にしてからが、分益小作制に服しているのである。パオレッティ氏のブドウの木用の楓はトスカーナでよく見かけるものよりずっと注意深く枝打ちされているようだし、オリーヴ林は申し分のない状態にあった。

今日の天気はイタリアの冬の見本のようだった。イングランドでは、私はこんなに冷たい身を刺すような風を経験したことは一度もなかった。多少の降雪があった。一時間に四、五マイル歩いて、私は身体が冷え切らないようにした。流れや風でかきまぜられないと、水はすべて凍ってしまった。丘陵地帯からしたたり落ちる水でできた氷柱《つらら》は二フィートの長さになっていた。イングランドでは、激しい北東の風が厳冬期に吹くと、このような天気になる。しかし、一一月にイングランドでこのような日が感じられたことはないように思う。このような天気へのフィレンツェ人のそなえは実に甘い。連中ときたら普通の民家の部屋の半分以上に煙突をそなえていないし、そなえた煙突も使用していない。それは寒くないからではない。なぜなら、連中は外出中は寒さに身震いし、歯をガチガチ言わせているからである。彼らは、少量の木の灰ないし残り火を入れた陶製の容器と、足を乗せるもうひとつのあんかで暖まろうと思っているのである。薪はとても高騰しており、それゆえ、この貧弱な代用物は倹約のためなのである。イタリアの天候に比べればきびしさの点で半分以下の天候なのに、イングランドは石炭の火に恵まれて有り難い！　誰もが自分の国を愛してほしいものである。しかし、わがイングランドくらいこのような感情にふさわしい国はない。イングランドから旅に出れば、新たなよろこびにかられて興奮した感情と無数の比較から生じるよろこびを享受する能力をそなえて帰国するものである。

二六日。ピッティ宮[135]へ。絵画における理想的な優美について書いた本をしばしば読んだことがある。しかし、それをラッファエッロ作の『小椅子の聖母』を見て初めてよく分かった。二人の人物のうちどちらが、とりわけ子どもが厳密にありのままなのか分からない。だが、二人の表情には明らかにありのままを超えたものがある。情熱や感動を表わすことが問題ではないのだから、それが理想的な優美ということなのだろう。聖母の頭部の様子や幼子の目が語りかけるものは、模倣などとてもできるものではない。ルーベンス作の『四人の哲学者』は本質的な表現の力と迫力のために素晴らしい。ティツィアーノ作の『パウロ三世』という肖像画とラッファエッロ作のあるメディチ家の人物の肖像画がある。ルーベンス作のマリア、イエス、聖ヨハネの絵画があるが、そのなかの子どもたちの表情は信じられないくらいだ。ティツィアーノ作の『マグダラのマリア』と緋色の服を着た『貴婦人の肖像』がある。バロチオ・カタリーナ作のパルマにある『コッレッジョの聖家族』の模倣画、ニッコロ・カッサルヴェ作のサルヴァトール・ロザの模倣画、さらにサルヴァトール作のとくに『海の風景』がある。――しかし、多数の素晴らしい展示室に納められた莫大な数の美しい作品をいちいち数えあげることなどできない相談である。なぜなら、少数の君主しかこれ以上立派な宮殿を所有し、家具調度をそなえられないからである。ここと美術館には、象眼模様のテーブルと骨董品が沢山あって、調査してみるだけの価値がある。なぜなら、日常生活でドアを開けるのに拳《こぶし》を痛めたり、しっかり窓を閉めていても、アペニンおろしの雪が吹き込んだりする国では、技量の到達した完成度を見ておくべきであろうからだ。この宮殿の庭園には、[136]ブラウン[137]だったら甘美にしたはずの土壌と旅行案内書、手引書、そして旅行記があれこれと書いている多くの素晴らしいものがある。

二七日。フィレンツェからわずか一マイルの地点にある大公の離宮、ポッジョ・インペリアーレ宮殿へ。それは素敵な建物で、立派なそれとよく釣り合いの取れた部屋で構成されている。部屋には、家具が小ぎれいにそなえられ、調度品では規格以下のベッドを別にすれば堅苦しさのない快適な様子である。美しい控えの間と大広間がある。暑い季節にはさぞかし快適であろう。しかし、私たち一行は宮殿内のどの部屋でも寒い思いをした。ハーヴィー卿の部屋はカーペットと立派な暖炉のおかげで暖かい。しかし、それは当地で目撃した唯一の暖かい部屋である。私たちは抜けるような快晴の青空と輝く太陽に恵まれたが、霜の降りるような寒気と身を切るような北東の風にもさらされた。その風ときたらアルプス山脈、ハンガリー、ポーランド、ロシア、そして結氷した海洋の雪をそっくり持ってくるような感じである。イギリスには急激に動けば汗をかく太陽と氷と雪のような寒さを骨の髄まで滲み込ませる風がある。しかるに、これが、あんなにも多くの軽率な著述家によって、麗しい天候とされて有名になったイタリアなのだ！　今日、帰る途中で、私たちは氷を積んだ多くの荷車に出会った。それを測ると、厚さ四インチなのが分かった。当地の私たちは北緯四三度から四四度のあいだにいるのである。スペインでは、一二月と一月に青エンドウが採れるが、それは同じ緯度にあるというのに、明らかにあちらのほうが温暖であることを示している。

フィレンツェ共和国の一商人によって造営されたリッカルディ宮殿[138]の規模と堅牢ぶりは驚くべきものだ。ヨーロッパの北部（いまや地球上もっとも商業的な地方）では、商人がこのような建物を建てることができるなんて考えられない。ピッティ宮殿はもうひとつの例である。しかし、それが発注者を破産させたので、この点から言及するにふさわしくない。フィレンツェには、多くの宮殿と教会がある。宮殿は商売で生じた富が驚くほど集中したことを如実に示している。

多少なりとも哲学的探究心を持った人間には、現代史を読むのは概してつらい仕事である。征服者、英雄、そして名将と、いわゆる嫌悪すべき人間たちの行動ばかりを聞かされて、うんざりしてしまう。私たちは軍事的詳細ばかりが載ったページをやっとの思いで読み進まねばならない。農業、商業、そして工業の発展、異なる時代と国でそれらが互いに及ぼし合った影響、――そこから生まれた富――その富の分け方――その使い方――その富のもたらした風習――こういったものは知りたくても一切書かれていない。ヴォルテールは手本を示した。しかし、どうやって従うのか？　人間生活の発展を表現するルカ・ジョルダーノ[139]に描かれた天井画が、ある貴族の家の大広間にある。この作品の発案と詩的表現は偉大であり、そのような出来栄えは人を誰でもよろこばせるに違いない。蔵書が豊富にあった。とくに私は蔵書を置いている部屋のひとつに感心した。それは本を手に取りやすいように、見た目にも悪くない細長い壇をしつらえてあることだ。イギリスには、多くの図書室があるが、その美しさはこの壇によって台無しにされている。この部屋はひとつの中型の窓から十分光を採って明るく、室内は幅三六フィート、奥行き二四フィートでたいへん快適だから、私が図書室を作るなら、それを正確に真似たいものである。図書室とピッティ宮を視察した後は、私たちは当然のことながら気難しく、好みがうるさくなる。——だが、リッカルディ宮には見て楽しい数点の絵画がある。

夜分、ファッブローニ氏のサロンへ。集まりはその名称に値する。なぜなら、フィレンツェきっての教育ある人々の何人かがそこで落ち合い、重要な話題を検討するからである。ファッブローニ氏は経済学者であるばかりか、折半小作農場を賃貸に出すトスカーナ方式の支持者である。この方式が農民にとって最良のものだと、彼は思っている。彼の能力は優れているものの、理屈どおりにはいかない。

二九日。教会、宮殿、その他諸々。午後、オラトリオを聞きに聖フィレンツェ教会へ。夜分、ある金満家のユダヤ人が自分の結婚披露に際し催した音楽会へ。ナルディーニ〔140〕によるヴァイオリンの独奏——聴衆——ろうそく——氷——果物——熱——そして——等々。

三〇日。ファッブローニ氏のもとへ。彼は大公の博物館全体で、フォンターナ騎士に次ぐ副館長である。彼は私と私の一行に、博物誌、解剖学、機械、気力学、磁気学、光学機器等の陳列室を見せてくれた。それらは世界でもっとも見事なコレクションに入り、配列、いやむしろ展示の点で、あらゆるそれを凌いでいる。しかし、農業についての部屋がないことに、あの学問の筆頭についての機械のコレクションがないことに、農夫に使用されるありふれた道具を改良、軽量化、そして簡易化するのに、あるいは威力を加えたり、努力を無駄にしないで済ますため、新しい道具を発明するのに、利用される才能や能力のある職人が挙げられていないことに注目してもらいたい！　これは磁気学や光学や天文学並みに重要なことでないのだろうか？　ひどいものだという気持ちにならない程度の農業博物館を見つけるには、どこへ行ったらよいのだろう？　私がヨーロッパきっての名君と評判の君主の国でそうしたものが見つけられないのなら、それを求めてどこへ行ったらよいのだろう？

わが国の年次記録簿は過去数年埋葬について大公の新しい法律を十分説明してきたので、法の条文ばかりかどのように実施されているのか、広く真相を知りたいと思ってきた。上述の刊行物では、事実は大げさに書かれていた。昼間死亡する遺体はすべて下着を身につけ、担架でその夜（裸で共用の荷馬車に放り込まれないで）教会へ運ばれるが、灯明をあげてもらったり、詠唱してもらったりすることはなかった。遺体は教会で祝福を受ける。それから、遺体はわざわざ準備された霊安室へ移される。そこで、遺体は大理石の台座の上に包まれて安置され、それからその利用のため製作された霊柩車で市街地から離れた墓地へ運ばれていく。墓地で遺体は、ひとつの墓穴にせいぜい二人無差別に棺を使用せず埋葬される。どのような身分であれ、人は皆、大司教と修道女以外はこの法に従う義務がある。これが法律と実施内容である。

しかし、私はあえてこれを人類に共通した心情への侵害と言いたい。とくに、これが何も有用なものを生まない、あらずもがなの無礼だからである。灯明だの、詠唱だの、行列だの、さらには静かな祈禱だのを禁じるのは合理的だが、個人がどのようなものであれ好きなように、遺体に服を着せ身を包むのは、許してやってはどうだろう？　望むなら、なぜ遺体は内々で田園へ、他の墓地へ送ることが許されないのだろう？　そこでなら、遺体は父母や他の身内と一緒に永眠できるというのに。この点で、なるほど人のいだく偏見は馬鹿げているかもしれない。しかし、こうした偏見を満足させるのはたしかに死者には何の役にも立たないけれど、深い悲しみと苦悩のなかにある生ける者には必要な慰めになるのである。葬送が社会に有害でも不都合でもないときには、とくに、情熱的でいまだに愛情をいだく夫や優しくて感じやすい父が妻や娘の遺体に施す最後の儀礼が、なぜ拒否されねばならないのであろうか？　大公の法律は部分的には完全に合理的で――その部分は他の点でくつろいで得る慰めと少しも矛盾することはない。しかし、いったいなぜ例外を認めるのだろう？　なぜ大司教がこんな特権を受けるのだろう？　なぜ修道女が？　こうした措置のために、全体を律する原則が台無しになっている。なぜなら、原則が私の言及した偏見の威力を認め、拘束からの免除を特権として期待するからである！　原則はあまりにばかばかしくて与えることもできない愚かしいことに、あれほどまでの敬意を表明し、ただちに高い身分と純潔の代償に特権を与えてしまっている！　もし、このように免除されることが稀有なまでに貴《とうと》く、第一位の聖職者と修道女にふさわしい特権であり、彼らのみが享受する恩典であるというのなら、――正直なところ、どう見ても、それを遵守することは、人々にとってはやりきれないことである。彼らが激怒したとしても、異常な心理とは言えまい。あらゆる免除が完全に廃止され、さらに大公自身とその家族全員の遺体についても同様、それが漏れなく廃止されることがすぐさま発布されて然るべきである。さもなければ、何をもってしても、かくのごとき勅令は許されるものではない。

一二月一日。彫刻家のピザーニ兄弟の店へ。店で、三〇分のあいだ、愚かにも、私は金持ちになって古代の立像から鋳造したニオベー像、剣闘士像、ダイアナ像、ヴィーナス像、さらには二、三のその他の像を買えたらよいのに、と思ってしまった。三〇か四〇ツェッキーノを使う代わりに、数パオロを費やして済ました。フィレンツェを発つ前に、私はこれまで言及した建物とさまざまな施設のほかに、まだ見物していないものが無数にあると、言っておかねばならない。――いずれにせよ、有名な橋、サンタ・トリニータ橋[41]は一見に値する。それはフランスのヌイイやその他の地にある橋の祖形だが、はるかに美しい。実際、世界一だ。フィレンツェで人の心を打つものは主要な建物の古さにある。年代物だと思える建物はどれも三〇〇年、四〇〇年はたっている。新しい建物はほとんどない。当地の一切合財がメディチ家の誰かとつながっている。誰かの記念碑、何らかの装飾物がない通りはほとんどないし、そうした通りはあの輝かしい堂々とした一族の痕跡を伝えている。商いがどうやったら人を裕福にしてあのような素晴らしい遺物を残せるのかは、少なからざる興味を引く問題である。というのも、私は八〇〇年間二〇〇〇万人を統治したブルボン家のあらゆる壮麗なものの集大成も、メディチ家がその後の時代の賞賛の的――トスカーナという多少山の多い地方の君主たちだけのために残したもの、と比べたり、せいぜい一〇〇万人の臣下と比べると、とるに足らない、とあえて言っておきたいからだ。しかも、そうした驚くべき対照は、やれスペインだ、イギリスだ、ドイツだと場所を移しても、同じように生じるであろう。

当代きっての大商人と言われているアムステルダムのホープ氏が現代において、メディチ家の建物に比肩するそれを造れるだろうか？　ロンドンには、年に二万ないし三万ポンドの利益を出す商人がいる。しかし、彼らはレンガ造りの家に住んでいる。なぜなら、わが現代ロンドンの家屋は商業の全盛時代に建てられたフィレンツェやヴェネツィアの宮殿に比べると、上等でないからだ。イギリス商人の家にも絵画があるにはあるが、へたな肖像画が少々あるだけだ。立像、マントルピースの上には、陶器の人物の置物、蔵書——書斎——比べてみようなんて気には徹底ならない！　注目すべきことには、こうした目を見張らせる商業とマニュファクチュアがありながら、フィレンツェは現在ほど大きくも人口稠密でもなかった。これは不可解なことで、歴史的探求をする旅行者から質問を受ける点である。——これは多才な人によく使われる有益な手であって、そういう人は見た物と読んだ物を比べるために旅をしているのだ。少数の有能な人から見れば、昔は商業が莫大な利益を生み出す一種の独占事業であったに違いない。いずれにしろ、一四、一五世紀の家柄と競い合うだけの新しいそれをひとつも生み出せなかった現代のフィレンツェという国家では、商業によってでは、フィレンツェ人はどのようなものであれ収入を確保できなかったと考えられよう。おそらく、その代わり、この時代には、土地からあがる収入の方が共和政の全盛時代より大きかったのであろう。トスカーナの収入は、いまではますます均等に使用されている。大公の政府を、私は共和政の政府よりはるかによかったと思っている。なぜなら、共和政というものは領域全体で均等に形成されたそれではなくて、農村部を支配し、その結果全体を貧しくし、自分は豊になる都市政であって、当代きっての悪い政府のひとつであるからだ。

イタリアが見事な建物で飾り立てられた時代には、裕福な貴族は収入をはたいて建物を建てたに違いない。現在、フィレッツェの貴族には、その資産を使う別の目的がある。それは宮殿でも、美術でも、食事でもない。——私が受けた説明では、その収入は大部分が多勢の家子《いえのこ》郎党《ろうとう》を養うのに費やされていた。連中の多くはスペインと同様、一門の者と結婚していた。リカルディ侯爵には、四〇名の家子郎党がいる。めいめいには自分の家族がいる。彼らのいく人かは召使いになっているが、全員が彼に養われている。彼の食卓は贅を尽くしていて、あらゆる種類のご馳走が出る。だが、家族、家庭教師、それに礼拝堂つき司祭を別にすれば、そこには誰も同席者はいない。ラヌッツィ家には大資産があるし、同じ類の多勢の家子郎党がいる。しかし、同家にはイギリス流の正餐もなければ、フランス流の晩餐もなく、パーティもないし、お金をかけた馬車もない。ささやかな慰みしかないのだ。その代わり、そこには人の役に立つ労働とも生産活動とも縁のない郎党どもがのんびり過ごす気の遠くなるような暇がある。それは採用されていたらよい結果を生むはずの公益という見地よりすれば、最悪の資産すりへらし方法のひとつである。それは美術や役に立つ技術を奨励するのに比べて何と低級なことか！

私たちのような小人数の一行の時の過ごし方は快適だし、驚くほど安上がりであった。私たちは、きちんとした身形の仕出屋にたっぷりな量の上等な料理をひとり当たり正餐と夜の食事につき四パオロで提供された。もう少々出すと、砂糖、ラム酒、それにレモンの入ったパンチがつく。これがフランス人もイタリア人も大好きなのだ。私の支出といったら、娯楽を別にすれば、こうした食事と高価な板張りの居室ととても寒い天候にかかわるもので、一日当たり英貨で三シリング六ペンスであった。それはたしかにびっくりするほど安い。というのも、普通に正餐用に八種類か一〇種類の料理と旬のデザート、それにイタリアで飲んだなかでは最良の上等なブドウ酒が出たからだ。幸いなことに、私と同じ日にフィレンツェに到着したアモレッティ師は友人の司教座聖堂参事会員と一緒に泊った。参事会員氏は農村部で過ごした大半のあいだ、席を外さざるをえなかったからだ。師は自分のためにだけ召使いが準備する手間をはぶくため、私たち一行と合流し、何日かを一緒に過ごし、良識、情報、そして感じのよさといった少なからざる資本を私たちの共同銀行へ提供してくれた。ブイエ夫人の率直で気取らない性格、男爵の陽気な人柄、それにステュワート氏とその若き友人が加わって、ある種の民族性――理想――関心事――そして気性のようなものを生み出している。それは会話に変化をつけ、話題を際立たせ、表現力をつけ、ますます興味深くさせているが、あらゆる社会にこの上ない面白味をもたらす、あの率直で陽気な流れに棹さして、ひとつの意図や一語に集約できる観念を生みはしなかった。私たちの誰もが除け者にしたくなるような人は、一行のなかにはいなかった。私たちは和気藹藹とやっていたから、これ以上誰も加えたいとは思わなかった。私がイギリスに残してきた家族や古い友人のことについて思いを馳せなかったら、もっと去りがたい気持ちを持って一行のもとを立ち去ったであろう。半ダースもの人間が純然たる偶然によって集められ、最良の接着剤である――楽しい気分で結びつけられ、（こう言ってよければ）人生のささやかな事柄を話題にして、このときくらいうまくまとまったことは、そうざらにあることではない。

二日。出発の日には、召使いを雇っていない人のことを心配してやる必要が生じるものだ。例の憎たらしいイタ公、御者との交渉を再開。――私は旅の運賃を取り決めたが、乗客はひとりだった。その方がずっと好きだ。ひとたび、楽しい仲間の世界からイタリアの馬車へ足を踏み入れると、そこで感じるものは病のような気分である。最良の人々は現われるや、瞬く間にいなくなってしまう。心は特別の衝撃を受けるので、それを他人へすぐ渡すことができない。

レ・マスケーレの宿には火が入っていなかったので、二、三人のドイツ人たちと協力して火を起こしたが、元気を取り戻すにはあまり役立たなかった。そこで、私はサンチョが賢明にも言っているように、人をすっぽり毛布のように覆いかくす旅籠[142]に閉籠もった。――一八マイル。

三日。ピエトラマラで食事。食事の準備中、私はいわゆる火山[143]へ散歩に出かけた。それは山の斜面にある風変わりな景色である。穴らしきものやはっきりした裂け目もなければ、噴火口になるものもない。燃え盛る炎はまるで燃料のような石のあいだから出てくる。炎はおよそ二フィート立方の空間を満たしている。そのほかに、一〇か二〇のもっと小さいが相当な勢いの炎が出ている。これらの炎を、私はド・ラランド氏が述べているようなやり方で、つまり小さな石のあいだに棒を入れて激しく擦って消してみたが、しばらくすると、炎はふたたびついている。しかし、私が気づいた限りでは、あたり一面の炎は可燃性ガスの通る火道にすぎないということにある。アモレッティ師の教示によると、そのことはそこで実験をしたある人物によって最近主張されたのだった。炎が小爆発を起こしては大きくなっている。それはちょうど、可燃性ガスの爆発で小さなビンから火が出てくるのにそっくりである。旅籠に帰ってくると、主人は客に見せるため、いつでも火を見せられるように、可燃性ガス入りのビンを用意していた。この現象の原因は調査されたが、分かっていない。私はガスの火が少しも利用されていないのに驚いている。それは一ファージングの費用もかけないで、相当大きい銅釜の中の水を絶えず沸騰させることができよう。ブラッドフィールドにそれを持っていたら、私はレンガか石灰を焼くのに使うし、雄の子牛と豚に同時に食べさせる馬鈴薯を茹でるか、焼くだろう。なぜその場に家屋を建てないのだろう？　煙突つきの台所で炎を囲ってはどうだろう？　たしかに、炎が出続ける限り、そのような家屋での生活に危険はないであろうに。家屋の直下に可燃性のガスが溜っているという思いは、おそらくしばしば女性の訪問者たちを心配させるであろう。彼女たちはガスの貯蔵庫が台所にあれば、一気にその台所を爆発させはしまいかと心配するだろう。大雑把に言って、そうした思いはブラッドフィールドでの方が激しいであろう。イタリアには、火山などより輸入に値するものがいろいろあるのだ。ポーランド王の兄弟にして、首座大司教がピエトラマラに病気で一日（一一月二五日か二六日）滞在している。厳しい寒さだったので、彼のキプロス島産のブドウ酒は凍ってしまった。牛乳は凍って石のように硬くなり、入れていた容器はことごとく割れてしまった。イギリス人がどんな理由でトスカーナを旅しようと、その動機に暖冬を求めないようにしよう。――例のぞっとする穴倉、ロヤーノで就寝。それは清潔な小屋になれた豚にとっても不快であろう。――二六マイル。

四日。アペニン山脈越えは私にとって冷たくわびしい旅だったし、徒歩に安らぎを求めなかったら、もっとひどいものになっていたであろう。斜面はほとんど雪に覆われている。下り坂の道は一面の氷。ボローニャのサン・マルコ市門で、慣例により、司令官に提出する入市名簿が手渡された。そこに、私はレディー・アーンとその娘、それにハーヴィー氏の名前を一〇月一四日の項に見つける。イタリア滞在中に、運がよくてあの教養ある一家ともっとつき合いができていたら、私にふりかかった難儀をもう少し振り払うことができたはずである。私はブリストル卿とニースで、さらにパドヴァで会いそこなった。彼は旅をし、とことん知るまで、デリーはもちろん、イタリアにも住んだ。サファク社会にとって不運なことに、イクワスより一〇倍よかった。テイラー氏を訪問。心配なことに、二人のお子さんが重い病気にかかっている。フィレッツェを数日前に出発したアモレッティ師が当地に到着していてホッとした。私たちはパルマまで一緒に旅をすることになっている。なるほど、これはついている。というのも、これ以上うってつけの旅の道連れは望めないからである。――二〇マイル。

五日。研究館を訪問。それは真価以上に買いかぶられて好評を博してきた。近代イタリアについて何か本を読んだことのある人なら、そこにあるものを知っている。私は自然史の博物室と実験科学用の機械陳列室を見て、いやな気分になっている。私は見栄のために空費され、効用以上をねらった経費と時間が腹立たしい。清潔で、あらゆるものが整然とした、まるで聖日の晴れ着のように装った実験室はきらいだが、ド・モルヴォ氏とラヴォワジェ氏の散らかって汚い実験室[144]には多くのよろこびを感じたものだ。仕事には顔がある。明らかに、前進する仕事がある。そうした仕事があるなら、有用性がある。ボローニャとフィレツェでは、なぜ実験に使われない部屋で、空気に関する機器が置いてあって動かされるのか？　なぜ実験をすすめないのか？　教授たちがするのは義務だというのに、実験をする時間や実験をする気もないなら、意欲のあるほかの人に利用できるように機械を改造させてはどうであろう。陳列された残りの機械の半分は役に立たない。使用される前に、新たに整理する必要があろう。私は多数の道具を見せてもらったが、道具から生み出された発見についてはついぞ聞かされなかった。あのような機械の大コレクションを作った君主たる者は資力に応じてなすべき実験をつねづね命ずべきであろう。私がトスカーナ大公であれば、「フォンターナ氏よ。貴下はユージオメーターを発明された。余は貴下が連続した実験をしてくれたらと思う。その実験とは窒素の分析によって空気の量が状況ごとに変化するのを確かめるためのものである。貴下がもっと大事だと思う別の研究があるなら、誰か信頼できる人を雇いなさい」と言うであろう。――そして、ジョヴァンニ・ファッブローニ氏には、「貴下は水に溶かした農耕用の土壌の重量について実験を五回された。もう五〇〇回実験したまえ。農学教授に協力してもらって、典型的な例を選定したまえ。貴下は土壌を分析する方法を開発された。――同じ典型的な例を分析したまえ」と言うであろう。人が自分の携わらなかった仕事を広げてみせるのは、通例それに携わる手段がなかったからである。しかし、大公の博物館では、フィレンツェとかボローニャの陳列室では、この手の不都合はあるまい。――大公の博物館に並べられている道具類は暇な人間の眺めるオペラのなかの踊り子みたいに塗り立てられている。それらは修繕されて博物館に陳列されるより、もっと役に立つ使い道があるだろうに。自分たちの実験室の埃を払いのけて清潔できちんと整理してはどうかなんて提案が出たら、ウォトソン[145]だの、ミルナー[146]だの、プリーストリ[147]だのといった人なら何と言うであろう？　彼らなら、そのような用向きで来る掃除夫を追い出すと思う。また、私は体裁よく見せ、きちんと整理された、利用されていない図書館が大きらいである。私は所有者が本を読むより本の評判によろこびを感じていると思いがちである。力学を応用した機械のための陳列室がある。戸外には二フィートの高さの車輪と大きな車軸をそなえた荷車でいっぱいである。この部屋では、ほとんどあらゆる技術の扱い方について人々に伝えるため、どのような実験がされたのであろう？

　ところで、私はこれ以上にひどい苦情を館側に伝えたい。戦術と築城術の部屋はあるが、農業機械一台、ミニチュアで示されているその機械の設計図一枚あるだろうか？――いや、この部屋でも他の部屋でも、そのような展示を見たことがない。しかし、パリの王立図書館では、イギリスの庭園術は蠟細工で示され、それは子どもが歓声を挙げるほどすばらしい出来栄えのおもちゃになっている。この研究館では、戦争に注意を払い、農業をないがしろにしているので、私はどうも好意をいだけない。ボローニャは優れた人物を生み出せる可能性があるが、彼らからこの施設が恩義を受けることはなさそうだ。

　二、三の教会と宮殿を訪問。それらを私は前に当地を訪問したとき、見ていなかった。サン・ドメニコ教会には、グイード作の『無辜《むこ》児の虐殺』[148]がある。どんなに注意を払うことに気乗りしなくても、それに注目せざるをえない。前景に描かれた母親と死せる子は本当に哀れを誘うし、作品全体が見事な仕上がりである。装飾で飾り立てられたボローニャの教会の数は驚くほど多い。それらは一〇〇以上あると思う。イタリアのすべての都市と多くの村落が同じ光景を呈している。一五、一六世紀に教会に投資された資金の総額、一七世紀に投資された額でさえ、実にあきれるばかりである。同時に宮殿が造営されたが、この時代、他のヨーロッパ諸国はすべてまだ野蛮な状態にあった。このような巨大な建造物に割いてしまった国富はさぞかし莫大であったに違いない。こうした思いはイタリアのどこへ行っても繰り返し心に浮かぶので、現代の歴史家から説明してもらいたいものだ。イタリアの都市国家諸国はかつてヨーロッパ貿易を独占していたが、その時代のヨーロッパはどのような状態であったのだろう？　イギリスとオランダは現在、あの野蛮な状態の影響を少しも受けないで、貿易を独占している。現在、建築には、まったく違った傾向が出ている。それは個人住宅の快適さの普及にあり、公共建築物の拡充に向かっていない。しかし、同じ時代に建設されたイタリアにおける都市の規模と数からすると、個人住宅が数のうえで多く、立派な造りであった——ように思える。新しい、前例のない贅沢を導入する際のやり方の違いがおそらくは変化の原因であった。このような旅日誌では、軽く言及することしかできない。——しかし、歴史家は戦闘や攻囲より、そうしたやり方を詳しく説明しなければならない[149]。

六日。アモレッティ師と一緒に乗合馬車でボローニャを出発。しかし、その日は晴天で凍るような寒さであったから、私たちはモデナまでの行程の四分の三を歩いた。アッベルガッティ侯の別宅のあるアンツォーラを通る。彼は大厄年[150]を乗り切った後、一七歳のバレリーナと結婚したばかりであった。モデナまでの農村部はボローニャ地方と同じ平坦地である。それはすべからく真っ平らな平野で、街道に沿って生えているこざっぱりと刈り込まれた生け垣に囲い込まれ、独特の土地風景をなしている。川を渡ってモデナ領へ入ると、私は適正ぶりと望ましい運営という点では後退がみられると思った。市街地を調べてみる。通りは十分広い。大半の家屋の正面は立派で、明るい色か薄い色の外観をして――印象は心地よい。

夜分、劇場へ。それは見たこともない奇妙な形状をしている。私たちは即興喜劇を見た。劇のなかのつぎの件《くだり》はたいへん不謹慎な笑いを誘ったので、たとえ観客の好みとバレリーナの評判を示すためにすぎないにしても、挿入しておくだけの意味がある。「何ともしなやかで敏捷な美しい雄馬（おすうま）だった。いかした胸、すらりとした脚、大きな尻、これが牝馬であったら、劇場随一のプリマ・ドンナの魂が奴に乗り移ったとでも言わなくちゃならないね」。もう一例、くだらない機転のきいた受け答えが割れんばかりの拍手喝采で迎えられた。――アルレッキーノ、「世界でいちばん大きな冠をかぶっている王様は誰？」――ブリゲッラ、「いちばん頭の小さな王様よ」――一四マイル。

七日。公爵の宮殿へ。それは壮麗な建築物である。そこには、かなりの点数の絵画コレクションがあるが、それはかつて当地にあった絵画の哀れな残り滓にすぎない。所蔵文献で有名な図書館は素晴らしい。私たちはド・ラランドの本のなかで言及されているめずらしい手書き文書を見せてもらった。

エステ家用の聖書は美しい仕上りだが、仕事には一四五七年にとりかかり、一四六三年に完成し、一八七五ツェッキーノかかった。午後、アモレッティ師にともなわれて、ベレンターニ氏の家へ。晩に、物理学の大学教授、ヴェントゥーリ氏の家へ。私たちは彼とたいへん好ましい啓発的な夜を過ごした。私たちは政治上の原則をいくつイタリアの現状に適用したらよいか議論し合い、私には件の教授が重要な政治問題を考えていたばかりか、それらについて意見の交換をするのが好きなように思えた。

　八日。早朝、レッジョへ。この農村一帯はロンバルディア地方きっての最良なそれのひとつであるようだ。至る所で密集している家屋は小ぎれいな様子をしている。そうした様子は家屋敷と生け垣にさえ及んでいる。それはイングランドきっての優良な地方でもおいそれとは見つからないくらいだ。しかし、ブドウの木を支える木々が大きいので、いまは葉をつけていないのに、全体は林のような様子だ。夏には、鬱蒼とした森になるに違いない。街道は立派である。モデナから六マイルの地点にある未完の橋の近くで、セッキア川というか、その川に埋められた小さな谷を渡った。橋まで至る両岸の土手道は長大で立派である。こういった土手道はモデナ公と公国の名誉になる。祝日（無原罪懐胎の祝日）だったので、私たちはミサへ行く農村の人々に出会った。既婚女性は揃ってマフを持っていた。これは当地では結婚祝の贈り物になる。初めて私が見たもうひとつのことは人が通りかかるのを、賃貸ロバを勧めるため、路上に子どもが立って待っているか、家から走り出てくることにある。ロバには、常時鞍と馬勒《ばろく》がつけられていた。協定価格は一マイルにつき一ソルである。このことは心がけと勤勉ぶりを示しており、素晴らしいと思う。私たちと一緒にしばらくのあいだ歩いてきたある土地の人が子どもたちに、私たちがロバを必要とする旦那方ではない、と言ってくれた。

午後、パルマへ。農村部は相変わらず同じである。しかし、レッジョからモデナまでのあいだで見かけたようなあの小ぎれいな様子はないし、あれほど見事に囲い込まれても植林されてもいないし、人口密度がとても高いにもかかわらず、堅牢な造りの建築でも、清潔な感じで整然とした家屋でもない。エンツァ川を渡河。それはみすぼらしい流れで、いまは幅三ヤードしかないが、それをまたぐ橋は長さ四分の一マイルある。美しかった小谷は全域が水害で荒れている。ここが両公国の境界である。

——三〇マイル。

九日。国立美術館には、たぶんラッファエッロ自身に輪をかけた名匠、コッレッジョ作の有名な絵画『子どもとともにいる聖母』と『聖ヒエロニムス』がある。私のような素人の目には、これらの絵画は優美さに満ちあふれ、美に輝いているから、玄人が見たら気づくかもしれない欠点を（別の表現を利用するなら）すべて気づかないで終わってしまう。私はイタリアで非凡な才能の画家たちの手になる作品の複製画を褒めてきたが、どの複製画も本物には肉迫していない。マグダラの頭部はコッレッジョの傑作とみなされている。大聖堂の有名な丸天井はたいへん高く、大きな損傷を受けていて、私には関心がないので、それにもっと関心のある人の鑑賞用にとっておこう。サン・セポルクロ教会には、同じ偉大な人の絵筆によるナツメヤシの実を集める聖ヨハネの絵画がある。サン・ジョヴァンニ教会にも、同じくらいに美しいわけではないが、彼の手による作品群と彼の有名な『夜』の複製画がある。国立美術館には、マッツォーラ作の素晴らしい『礼拝』がある。当地の大劇場[151]は世界でいちばん大きい。

　午後、要塞へ。しかし、当の総督である、私が紹介状を持参したレッツォニーコ伯爵はパルマにいなかった。そこで、ボドーニ氏の有名な公立印刷所へ。[152] 彼は独特の美しい多くの作品を見せてくれた。活字はパリのディド[153]のそれより優れていると思う。ディドの場合はまるで紙を倹約するためのように、しばしば文字をつめ込みすぎている。『ダフニスとクロエの物語』と『アミュンタス三世王伝』は美しい仕上がりである。私は有名な印刷所の見本として後者を購入したが、それはまぎれもないイタリアの名誉である。ボドーニ氏には、スペイン国王御用達《ごようたし》の肩書があるが、パルマで別の筋から聞いた話では、給与はおろか、報酬さえもらってはいなかった。彼が公爵から受けとる給料は一五〇ツェッキーノにすぎないそうだ。彼の功績は大きいし、異彩を放っており、その努力には並々ならぬものがある。彼は三万個の活字の母型を所有している。彼がロンドンの書店主エドワード氏という、取引筋としては最良の部類の人と出会ったのを知ってうれしかった。というのは、エドワード氏は四人のギリシア詩人、四人のラテン詩人、そして四人のイタリア詩人――ピンダロス、ソフォクレス、ホメロス、テオクリストス、つぎにホラシウス、ウェルギリウス、ルクレティウス、プラウトゥス、最後にダンテ、ペトラルカ、アリオスト、タッソー――の二五〇部からなる詩集の印刷について彼と契約を交わしたところだったのだ。

　私は農業に関する書物を求めて本屋を探し、これぞ珍本とみなせる書物――『一七八九年までのコロルノの雑録』を買った。これの冒頭には、『コリント人への手紙[154]』第六章八行目のウト・セドゥクトレス・エト・ヴェラケスという原典にもとづく説教がくる。雑録は聖人一覧と主たる聖人の伝記業績などからなっている。この本は一〇世紀の精神でまとめられているが、(驚いたことに!)パルマ公の筆によるものである。その君主の教育のため、錚錚《そうそう》たるフランス人たちが集められた——その成果を、この本は見せているのだ。修道院からみだりに修道士を追い出さないで、この君主は自分の宮殿に彼らを住まわせた。その結果、パルマには、聖務省はあるが、農学校はないのだ。公爵夫人には夫君と同じように楽しみごとがある。たぶん、それはもっと愛すべきもので、この時代の特色や慣行にもっと似つかわしいものだ。ドン・フィリッポと現公爵の治世のパルマの宮廷に関する回想録が出版されれば、というのは、私はそれらがぜひとも書かれるべきだと思うのだが、きっとどんな小説にも劣らず面白い読み物になるだろう。ひとりの君主の浪費を支えるために私から金を巻き上げる力のある政府のもとに暮らしているとすれば、私は一般住民の気持ちを代表して申し上げよう。どうかその税金は宮殿を修道士ではなく、君主の愛人たちで満たすために使っていただきたいと。フランス貨にして五〇〇万リーヴル使えば、パルマ川はポー河から航行可能になるかもしれない。そのことは一再ならず言われてきた。しかし、現公爵は資金を他のもっと信心深い目的に使っている。それに引き替え、ドン・フィリッポはそんなに露骨には天国行の道を狙わなかった。

一〇日。午前中、アモレッティ氏と一緒に歩いてヴィコメーロへ。そこはパルマから北方のポー河の方へ七マイル行った地点で、スカフィエナッティ伯の別宅がある。途中、半分ほどの行程のあいだ、私たちは凍えるような寒さではあったが、美しく澄みわたった晴天のなかを歩いた。そのため、私たちにはポー河の上にかかる切れ目のない霧を見ることができた。しかし、北から微風が生じると、この霧を私たちの頭上に押しやったため、たちまち暗くなった。夏の晴天の日盛り以外では、霧はめったに河から離れない。だから、河の南側にいて、はっきりアペニン山脈が見えると、アルプス山脈は見えない。こんどは河の北部へ行って、はっきりアルプス山脈を見ると、アペニン山脈は見えなくなるのである。ふだん、霧は河より広く、両岸から内陸へ半マイルほど広がるが、風向きによっては今日のように変化する。四マイルにわたって、農村部はたいてい牧草地になっていて、大部分は冠水するが、そうなると耕作可能になる。

暮らし方を知るため、分益小作農の家へ入ってみたが、誰もいなかった。六人か八人の女性と子どもからなる一家とその隣人が家畜小屋にいた。彼女らは二列になった雄牛と牝牛のあいだにある部屋の真ん中の石畳になった清潔な空間に、お互いに二列に向き合ったかたちで座っていた。入っていったとき、ひどく暑かった。彼女らは寝るまで、時には真夜中まで、そこに留まっている。この習慣はロンバルディア地方では広く見られる。

スカフィエナッティ伯と食事。彼は妻とともに田舎生活に浸り切っている。彼は私に自分の農場を見せてくれた。そこで、私は彼のチーズ製造所を調べてみた。そこでは、チーズの製法といい、使用する器具といい、ローディ地方と同じ方法、同じ器具である。それゆえ、当地のチーズはローディ産のチーズと同じように、パルメザンチーズと呼べるのである。友人のアモレッティ師がこの農村部にほかの用事があったので、残念だが、ここで私は別れを告げた。――一四マイル。

一一日。トリノまで連れていってくれる乗合馬車の御者と折り合いがついたのに、ほかの乗客が見つからなかったので、乗客は私ひとりでフィヨレンツォーラへ行かざるをえなかった。天気は快晴で、この季節にイングランドで感じられるよりはるかに暖かい。それは厳しい寒さではあったが、わが国の場合と同じように手足を損うものではない。イングランドでは、手指と足の爪先が凍えるというのは気候上の不都合に数えられる。私は行程の大半を歩いた。農村部の様相は以前と同じである。しかし、ブドウ畑はボルゴ・サン・ドッニーノを後にしてから減少している。その地方で起伏が現われはじめる。至る所で、少数ながらオークの木が現われる。それは新しい特色である。――二〇マイル。

一二日。早朝、ピアチェンツァへ。市内見物の時間が欲しくて朝立ちしたのだが、注目に値するものはほとんどなかった。今日、農村部は大いに変化した。それはエセックスやサファクの平坦な沃土に似ている。家屋はまばらで、全体の様相は見劣りがする。昨日始まった起伏はいっそう激しくなる。――アレッサンドロ・ファルネーゼ[155]とラヌンチオ・ファルネーゼ[156]の騎馬像は生命力を見事に表わしている。馬の躍動感、とりわけアレッサンドロの乗った馬のそれは素晴らしい。全体の出来栄えは勇ましく、生き生きとしている。それらはジョヴァンニ・ダ・ボローニャやその弟子モカの作である。カステル・サン・ジョヴァンニで就寝。――二六マイル。

一三日。そこから二マイル離れた地点にある小川を渡って、サルデーニャ王国の領土へ入国。そこで、約二カ月前ローマの飛脚を襲った二人組の強盗の頭蓋骨がさらされているのがすぐ目につく。これはいたし方のないものである。私たちはピエモンテ領のどこで入国しようとも、それに強い印象を受ける。それというのも、政府には不名誉なことに、治安という点では住民がイタリア中で芳しくない評判をたてられていたからである。トルトーナまでの農村部は丘と谷ばかりである。ブドウ畑とまじり合いながらも耕作され、丘の上には多くの家屋がありながらも、大半は囲い込まれているので、それらの特色はたいへん気持ちよく、私がイタリアで目にした風景のなかでも一番よろこばしいものに数えられよう。ヴォゲーラから三マイルも行かないうちに、あたり一面が雪で白くなっている。それは私が平野で見た初めての雪であった。しかし、私たちが山脈へ近づくにつれ、もはや雪はアルプスを越えるまでなくなることはなかろう。ヴォゲーラでは、煙突が燻らない部屋で食事。それはボローニャを出発して以来燻らないたったひとつの煙突だから、注目せざるをえない。この凍るような季節に、戸扉を開け放しにしておいて、煙突が役目をはたすのを待たなくてはならない。片方は薪の熱気で暖められ、もう片方は戸外へ開け放たれた戸扉で凍えさせられるというのは、北緯四五度線を冬季に旅する楽しみに数えられる。ヴォゲーラを後にすると、丘はますます南へ傾斜する。当地の日没は平野の日没を見慣れた人の目には奇異に映る。アルプス山脈が見えないので、太陽が水平線へ達するまで、長いこと居座っているかのように思える。丘の上にあるトルトーナの要塞の前を通る。それはサルデーニャ国王の所有する最強の要塞のひとつである。――三三マイル。

一四日。スクリーヴィア川を渡渉。それはわずか二日間雨が降り[157]続くだけで、ひどい洪水を起こしやすいトレッビア川と同じくらいの暴れ川である。とくにシロッコが吹いてアペニン山脈の雪を融かすと、しばしば洪水が旅人を四、五日、時には六日もみすぼらしい旅籠に足止めさせたものである。

私は川を渡ったため、気が楽になった。というのも、私を足止めさせかねない川が六つか七つあったからである。これが最後の川である。身を切るような寒さの天気が続き、たいへん寒い。氷は五インチの厚さになり、雪は深い。アレッサンドリアで食事。そこで、乗合馬車にトリノまでのもうひとつの席をとったある貴族と一緒になった。その町をちょうど出たところに、めずらしい屋根付きの橋がある。要塞のまわりでは多くの土木工事が行なわれているようだ。フェリッツァーノのひどく汚い旅籠で就寝。その旅籠では、窓を紙でふさいでいたが、この辺りではありふれているし、アレッサンドリアでさえめずらしくない。――一八マイル。

一五日。アスティとヴィッラノーヴァまで、農村部は辺り一帯丘陵で、そのいくつかは感じがよい。食事をしたアスティから出てくると、一帯は数マイルのあいだ美しい。私の乗った馬車の御者は他の馬車の御者と一緒に旅しているが、今日まで他の御者の乗客についぞお目にかからなかった。しかし、私たちは食事で一緒になった。それで気づいたのだが、彼はたいへん分別のある感じのよいフランス人で、顔の広い明らかに上流の人であった。食事どきや夜分に彼と話を交わすと、このような凍てつく旅の無聊の慰めになった。彼の名前はニコライと言う。［158］――二二マイル。

一六日。モンカリエーリ経由でトリノへ。農村部の大半は活気がなく、不快な感じがする。丘陵からは眺望がきかず、谷間には、ロンバルディア地方のあの肥沃さがない。――それとなく漏らしたヒントから推す限りでは、私の旅の道連れは建築家としてサルデーニャ国王に仕え、同島に住んで九年になる。彼の説明による島の状況には、二、三の注目すべき点がある。島を現在の未開な状況においている原因は主として所領の規模、数人の大土地所有者の不在、そしてすべての土地所有者の怠慢にある。アシナーラ公には年に三〇万リーヴル、つまり英貨一万五〇〇〇ポンドの地代収入がある。サン・ピエラ公には一六万リーヴルの地代収入がある。パシャ侯はたいへん金持ちである。彼らの多くはスペインに住んでいる。ヒラ伯はスペインの大公だが、プーラからオリスターノへ及ぶ二日行程の旅をする広さの所領を所有している。農民は悲惨な連中である。彼らは煙突の代わりに屋根に穴のあいた貧弱な小屋で生活している。夏期には、至る所でインテンペリアが[159]頻発し、悪性である。なお、非常に大きな山脈がある。家畜には、冬季に低木等を食べる以外に餌がない。狼はいない。オリーヴ油は食べられた代物ではない。あるブドウ酒はマラガ酒並みに上等で、品質も異なっていない。絹は生産されない。主力輸出品は小麦である。それは種子一に対し四〇倍の割合で生産できることで知られている。しかし、七か八対一が普通の生産比率である。パンは一ポンドにつき一シリング、牛肉は二シリング、羊肉は二か二分の一シリングする。無数の野生の鴨がいる。狩りの好きな人は鴨猟という素晴らしいスポーツを求めて、そこへやってきたものである。

一七日。わが国の大使、トレヴァ閣下を訪問。彼は留守だった。しかし、私はその後すぐ夕食への招待を受けた。私はさっそくそれを受けて、たいへん楽しい日を過ごした。トレヴァ氏の立場からは実践的農業家になりえまい。ただ、彼は計り知れない分別のある人で、観察力もなかなかのものだ。こういった人は問題の重要性に気づいているところから、政治的農業家になるものだ。彼は農業について十分語ってくれている。トレヴァ氏は二、三のピエモンテ貴族に言及した。私の滞在が長期に及んでいたら、その人たちに、私を紹介してくれていたはずである。しかし、彼はポルトガル公使のことを、この人にだけはぜひ会って帰りなさいと言ってくれた。彼によると、公使は農業についてたいへん情報通で、農業が大好きなのだそうだ。

夜分、トレヴァ夫人のお供で大きなオペラ劇場へ。新進の作曲家フレデリーチによって新しく作曲された『オリンピアーデ[160]』のリハーサルを見にいく。マルケーゼが歌った。

一八日。私はトレヴァ氏がどこであれ、これまで出会ったこともないほど情報に精通した人士のひとり、トリノ宮廷駐在のポルトガル公使、ドン・ロドリーゴ・デ・サウザ・コティニョに紹介してくださったことをたいへん有り難いと思う。今日、私はドン・ロドリーゴと食事を共にした。彼は私に引き合わせるためにボノインチーノ医師、二、三の政治論文の著者ヴァスコ師、かなり有名な植物学者で以前トリノで知り合ったベラルディ氏を招いておいてくれた。若くて美しいデ・サウザ夫人がイギリスの農業家についてどう思ったかは容易に想像がつこうというものである。なぜなら、農業や農業を堅持したり抑制したりするのに役立つ政治原則について交わされる、とめどもない意見の交換に、彼女は一言だって口を差し挟みはしなかったからだ。イギリスの上流婦人にとって、このようなことは異例とは思えないであろう。なぜなら、彼女はときどきそうした例に出くわすからである。しかし、そのような会話に不慣れな若きピエモンテ女性には、それはさぞかし奇妙で、不快で不作法と映ったに違いない。

デ・サウザ氏はいまは亡きブラジルの主君へ、それまでの公使が自分の主君に献上したことのないような上等の賢明な贈り物のひとつを送ったのだった。それは彼がポルトガルを灌漑によって大規模改革の可能な国家になりうるとみなしているからである。しかし、どう改革したものかはほとんどまったく分かっていない。それゆえ、改革の重要性を知らしめる目的から、彼はさまざまな木片で川の模型を作り、川から水を引く方法を調べ、近隣とか遠い地方へ水路によって導水する方法を探るよう命じたが、それには水量を規制し、測定する諸々の機械を使用させたのだった。機械はとてつもなく大きかったが、模型は配水を示すものである限り、技術を示せばよかった。それは素晴らしいアイディアであったし、彼の国にはもっとも重要な改革になったかもしれない。現在、この機械はリスボンにあり、当然のことながら、人を教育する道具というより、子どもが見て楽しむ玩具とみなされている（リスボンが他の宮廷と同じなら）。私はトレヴァ氏のいちばん親しい知己のなかに件のポルトガル公使が入っているのを知ってうれしかった。優れた才能や知識を持つ人々の親交はお互いの名誉になる。私はどのような都市も居心地をよくしてしまう、そんな二人と知り合いになったとたん、トリノを去るのが残念である。ドン・ロドリーゴがトリノ駐在公使ではなく、サファクで私の近くに住む農業家であったら、そのような残念な気持ちにならなかったであろう。ちなみに、彼が近くに住んでいたら、たぶん、私が大いに彼の力になっているだろう。

一九日。国王は科学アカデミーに伝言を送り、染色に関するあらゆることに注意を払うよう勧めた。私たちの理解できるこの時代の表現で言うと、公使とは辣腕家、それもマニュファクチュアと商業の促進に熱心か、そう見える人物で、他の分野より農業に重きを置く考えのない人物である。ピエモンテ地方へ桑の木を増やし、サヴォイア地方へ家畜と羊を増やし——サルデーニャ島の、肥沃だが荒れた土地と有害な湿地に何かを施すなどということは、どこの国であれ、少数の現実主義的政治家にしか公使並みの評判をたてられないであろう。しかし、染色、ボタン[5]、鋏、そして商売というものは多くの人をよろこばせ、その結果そのような土台の上に立つ人々の評判を高めるようにできている。

トレヴァ氏と会食。彼は相変わらず、私が失礼をも顧みず困らせる質問をしても、できるだけ丁寧に答えてくれる。夜分、彼は私に国務担当大臣にして総理大臣、グラナーリ伯を紹介してくださった。それは大臣がスペイン産の羊を導入する意図があるとみてのことであった。彼はスペイン駐在大使であったことがあり、話の内容からスペイン産の家畜についてよく知っているようであった。この大臣はいまの重要な立場に就くため本国へ召還されたのだった。それは国民を満足させることになったが、もとより、それは国民が彼の能力と思慮分別を高く評価していたからであった。

明日、私はトリノを発つことにする。私はモン＝スニの峠越えでリヨンまで運んでくれる乗合馬車の御者と交渉が成立し、彼がもうひとり、別の客をとるのを承諾したところだ。この客を彼は見つけた。それがグランディ氏で、バーミンガムの相当な商人である。彼はナポリからの帰国の途上にある。

二〇日。トリノを出発。ひどく不潔な穴倉のようなサン・タントニオ屋で昼食をとり、食事中ずっとハムのように燻される。いくらかましな旅籠、スーザ屋で就寝。——三二マイル。

原註および訳註

『スペイン紀行』訳註

〔1〕 アラン渓谷（val d'Aran）――これはフランスのボルドー下流で大西洋に流入するガロンヌ（スペインではガローナ Garona）河の最深部にあたる。それはピレネー山脈中のフランス側に開かれた地域で、自然環境から見れば、フランス側に向き、スペインの飛地をなしている。周辺は二〇〇〇メートル以上の山に囲まれ、渓谷としての全長は約三五キロメートルである。生活文化的にはフランスの影響が濃厚で、料理もクレープなど類似のものが少なくない。言語的にはカタルーニャ語ではなく、フランスのガスコーニュ語に近いアラン語（Aranés）である。

しかし、歴史的には、アラン渓谷は一一七五年以来カタルーニャと結びつきが強く、一三〇八年、フィリップ四世美王が教皇クレメンス五世に調停を依頼して以来、カタルーニャ領になり、それがスペイン領に引き継がれた。フランス領になったのは一八一二年から一八一五年までの一時期にすぎない。

〔2〕 私たち――スペイン旅行では、本書の主人公アーサー・ヤングと一緒に、友人のマクシミリアン・ラゾ

ウスキ（Maximilian Lazowski, 1748–92）とその従僕がフランスのバニェール＝ド＝リュションからバルセロナまで同行した。「私たち」とはヤングとラゾウスキのことである。

〔3〕ビエリャ（Vielha）――アラン渓谷の行政上の中心地。ガロンヌ河とその支流のネレ（Nere）川の合流地点にあり、標高九七一メートル（日本では軽井沢の標高に近い）。周囲を山に囲まれ、現代は観光保養地、ウィンタースポーツの中心地になっている。

〔4〕カラトラーバ騎士団の騎士――当時、宗教騎士団はイスラム教徒から国土を防衛する必要から重要な任務とみなされていた。そのため、騎士団への入団はしかるべき貴族には当然視されたが、平民でも入団して貢献すれば騎士身分（貴族身分）を与えられたので、軍人、平民に好まれた。カラトラーバ騎士団（orden de Calatrava）は一一五八年創立のレコンキスタに貢献した宗教騎士団である。

〔5〕ピレネー山脈――これはスペインとフランスの両国を分かつ国境の山脈である。地中海から大西洋のビスケー湾へ東西方向にのび、総延長四三四キロメートルからなる。それはアルプス山脈と同時期の造山運動にともなう隆起により形成され、最高峰はアネト山（pico de Aneto）三四〇四メートル（スペイン領）である。山脈の北（フランス）側は急傾斜で、自然の障害をなし、湿潤である。南（スペイン）側は緩傾斜で乾燥している。両端の海岸を別にすれば、峠道による往来も少なくない。西部ではバスク人、東部ではカタルーニャ人が居住してきた。ヤングが旅したのはカタルーニャ人の居住地区である。谷筋は南北に切れ込んでいて孤立する傾向にあり、南側斜面は人口希薄で経済上は後進地域をなしている。貧困、不衛生、無知が支配的であった。

〔6〕王立製塩所――これはノゲラ・パリャレサ（Noguera Pallaresa）川の川辺の岩塩の製塩所で、その名にちなんでそのあたりの集落をジェリ・ダ・ラ・サル（Gerri de la Sal）という。

〔7〕テムズ河、セヴァーン河、そしてトレント河――これらの河川はいずれもイングランドの河川。テムズ

(Thames)河はコッツウォールド(Cotswold)丘陵に端を発して東流し、オックスフォード、ロンドンを経て北海へ注ぐ。全長三三八キロメートルで、オックスフォードまで水運に利用される。セヴァーン(Severn)河はウェールズ中央部の山地に端を発しイングランドに入って後、南流してブリストル水道へ注ぐ。全長二九〇キロメートルで、下流部は水運に利用される。トレント(Trent)河はペニン山脈に端を発し、南流の後北流し、ハンバー(Humber)河下流部へ注ぐ。全長二七三キロメートルで、中流域まで水運に利用される。

〔8〕モンセラット(Montserrat)山——モンセラット(ただし、カタルーニャ語ではムンサラット)山はバルセロナ北西約四二キロメートルにあり、標高一二三六メートル。地殻変動によって隆起した岩山が長年の風雨に浸食され、奇岩の山になったもの。本文にあるように、山頂からの展望に優れ、二〇〇キロメートル以上の遠い地を見晴らすことができ、快晴だとバレアレス(Baleares)諸島最大の島、マジョルカ(Mallorca)島を遠望できるので有名である。八世紀には、すでに隠者の庵があったが、一〇三〇年頃、リポールの修道院長オリバ(Oliba)により、標高七二三メートルの地点にベネディクト会修道院が建設された。やがて、この修道院は自立し、重要になる。その威光はしだいに広まって中央ヨーロッパに及び、多数の巡礼者が訪れることにより有名になった。一八一一年、ナポレオン軍が侵攻し、修道院の建物は部分的に破壊されたが、後修復された。今日では、ロープウェイやケーブルカーも設置され、一大観光地になっている。

〔9〕シックネス氏——これは陸軍将校にして有名な奇人、フィリップ・シックネス(Philip Thickness, 1719–92)のこと。フランスを中心に、スペイン、低地地方などを旅行。多数の旅行記や文化論を書く。本文の指摘する旅行記は『フランスとスペインの一部を通る一年旅行 *A Year Journey through France and part of Spain*』(バース、一七七七年)である。

〔10〕 L氏——同行者ラゾウスキ氏のこと。氏については『フランス紀行』〈一七八七年〉註（18）、三四一頁参照。

〔11〕 凱旋門——これは古代カルタゴの将軍ハミルカル・バルカス（Hamilcar Barcas, ?–229B.C.）に敬意を表して建設された。彼は、ローマとの第一次ポエニ戦争に活躍後、前二三七年、息子ハンニバルをともなってスペインへ渡り、スペイン南部、東部の経営を行ない、敗戦国になった祖国の復興に貢献した。

〔12〕 バルセロナ（Barcelona）——カタルーニャ地方の歴史的中心都市である。それは古代イベリア人の集落に端を発し、前二三七年頃カルタゴ人が建設した都市である。その折、カルタゴ人はハミルカルとハンニバルの属する有名なバルカス家に敬意を表してバルシーノ（Barcino）と名付けた。

その後、バルセロナは前二〇一年ローマ人、四一五年西ゴート人、七一三年アラブ人に占領されながら、経済的には繁栄し、八〇一年フランク王国軍に攻略され、フランク王国スペイン辺境領の首都になった。やがて九世紀末、辺境領を支配した伯たちは独立し、バルセロナ伯を名乗ったが、同家は一一三七年には婚姻によりアラゴン王家となる。このアラゴン家が地中海域へ進出したため、バルセロナはさらに経済発展をみることになる。一四六九年、アラゴンとカスティリャは統一国家スペインを形成するが、政治力、経済力、さらには人口で優れるカスティリャに発展の軸足が移り、バルセロナは地方の一中心都市に転落する。アメリカ発見、植民地遠征、イスラム諸国の私掠船活動の増大は近世のバルセロナに衰退をもたらした。にもかかわらず、カタルーニャ人独自の感情はスペイン王権の中央集権化に反対して持続した。一六四〇年、バルセロナはフェリペ（Felipe）四世に反抗して立ち上がり、フランスのルイ（Louis）一三世を国王に承認したが、一六五二年、フランスに見棄てられることになる。その後もバルセロナはスペイン継承戦争等を通じて（訳註〔18〕を参照）、都市と地方の自治獲得に向けてスペイン王権と闘かわねばならなかった。天然の良港を持ち、地中海貿易では屈指の貿易額をほこったが、それには本文にもあるように、各種の製造工業等が貢献している。ヤングが訪問した一七八七年当時、人口は約九万五〇〇〇人とみられ、彼の『旅行記第二部』では、一二万人とされている。

〔13〕ラ・フォンデ屋——この屋号はいささかあやしいと思われる。スペイン語で宿屋はラ・フォンダ（la fonda）、ヤングが一般名詞を固有名詞ととり違え、しかも（la fonde）と聞き違えてメモしたために生じた誤りの可能性がある。なお、スペイン語にもカタルーニャ語にも、fonde という単語は見当たらない。

〔14〕エル・エスコリアル（El Escorial）宮殿——エル・エスコリアル離宮は、マドリード北西約四〇キロメートルの地にフェリペ二世が一五六三年、サン＝カンタン（Saint-Quentin）の戦いでフランス軍を破ったのを記念して着工させた大建築物。簡素で荘重、重厚な建築で、一五八四年に完成した。ひとつの建物に教会、修道院、図書室、学寮、王宮、霊廟が含まれている。

〔15〕サント・イルデフォンソ宮殿——これはヤングの誤りで、正確にはサン・イルデフォンソ（San Ildefonso）宮殿。グアダラマ山脈の北西麓にある標高一一九二メートルのサン・イルデフォンソに建設された。フェリペ五世が、フランスのヴェルサイユ宮殿を偲んで一七二一年に着工、一七三九年に完成させた。庭園はフランス人造園家の指導で二六の噴水を配され、カルロス（Carlos）三世下に完成された。

〔16〕バルセロナのマニュファクチュア——ヤングの本文からうかがい知ることができるように、一八世紀末には、カタルーニャ中北部（バルセロナ周辺の中小都市と農村）とバルセロナで明らかに工業化が進展していた。

中北部では、一七世紀以降、毛織物製造業が発展を始め、国内市場を目当てに成長していた。しかし、一七八〇年代になると、他の生産地との競合により、行き詰まっていた毛織物製造業者のなかには綿の紡績、織布業へ転向する者が出てきた。その背景には、国内における更紗需要の高まりと植民地産綿花の安定供給があったからとされている。

バルセロナでは、一七三七年、綿布へ捺染（プリント）を行なう工場が設立されて以来、綿工業はアメリカ植民地向けの輸出を中心に急成長をとげることになった。一七八〇年頃にはイギリスからジェニー紡績機、一八〇五年頃にはミュール紡績機が導入され、機械化による大量生産が推進された。一八〇五年に同市には九一もの綿工場があった。

こうしたカタルーニャでは、ヤングの本文でかならずしも正確に綿工業の発展が把握されていないが、それは一定の役割を演じ、「小さなイングランド」とよばれる工業化地域を生んだのであった。

〔17〕取次——バルセロナの「主たる地場産業は取次のそれである」という表現で貿易を示唆しているが、それはスペイン王権がとくに一七七八年の王令で、国内一三港とアメリカ植民地二二港との自由貿易を許可した結果いっそう推進された現象である。バルセロナの場合、主たる輸出品は織物製品とカタルーニャ農村部の生産するブランデーとブドウ酒にあった。

〔18〕有名な努力——これはスペイン継承戦争（一七〇一～一三年）時代に、カタルーニャ公国がオーストリア・ハプスブルク家のレオポルト（Leopold）一世の第二子、カール（Karl）大公（後の神聖ローマ皇帝カール六世）をカルロス三世としてスペイン国王に承認した事実を指している。もとより、スペイン継承戦争とはスペイン国王カルロス二世が嗣子《しし》なくして一七〇〇年に死去し、遺言状にルイ一四世の孫、アンジュー（Anjou）公フィリップ（Philippe, フェリペ五世として即位）にスペイン王位を譲ると記したことに端を発している。この遺言状は周辺関係国にさまざまな思惑を引き起こした。なかでも、ルイ一四世はフェリペ五世がフランス王位をかねる可能性をほのめかし、レオポルト一世はカール大公に王位継承権があると主張した。もし、スペインとフランスが同君連合の国家になれば、ヨーロッパの勢力均衡が失われるため、当時、同君連合下にあったイギリスとオランダはオーストリアをさそい、一七〇一年ハーグで大同盟を結成し、翌年スペインとフランスに宣戦を布告した。また、他方、大同盟側はオーストリアのカー

ル大公を対立国王カルロス三世に推挙し、正当性を強調した。かくて、継承戦争は大規模な国際戦争となった。

スペインでは、フェリペ五世は一七〇一年にマドリードへ入城するとただちに国王宣言を行ない、さらにカタルーニャ公国へ赴き、公国のもつ諸特権の尊重を誓約したため、カタルーニャ議会もフェリペ五世を承認した。しかし、その後さまざまな不都合や疑念が生じたため、一七〇五年、カタルーニャ公国は大同盟側と条約を結び、先述のカルロス三世を招いて、彼をスペイン国王として承認した。この決定には、ただちにアラゴン王国とバレンシア王国も同調した。かくて、スペインは二つに分裂し、マドリードとバルセロナに宮廷ができる事態となった。

大同盟軍はポルトガルから内陸をマドリードへ進撃した。それに対し、フェリペ五世側はカスティリャ民衆を味方に反撃し、一七〇七年にはバレンシア王国とアラゴン王国を再征服した。こうして、スペイン継承戦争は国際間の戦争と内戦という二つの様相を呈したが、カタルーニャ公国の置かれた立場はきわめて危ういものになってしまった。なぜなら、フェリペ五世軍はカタルーニャ公国に侵攻し、一七一一年には公国に残された領域はバルセロナとその周辺部のみになってしまったからである。

他方、オーストリアでは、一七一一年四月、兄の神聖ローマ皇帝ヨーゼフ（Joseph）一世が死去し、弟のカール大公（カルロス三世）が皇帝カール六世に選出されることになった。それはカタルーニャから見れば、自ら承認した国王が遠くオーストリアの地で神聖ローマ皇帝に即位し、自分たちは見棄てられてしまうことを意味した。実際、そのような事態になった。イギリスはカールがオーストリアとスペイン両国を支配することを望まなかった。イギリスの国益が大陸諸国の勢力均衡にあったからである。かくて、和平交渉が始まり、一七一三年四月、大同盟諸国とフランス間にユトレヒト条約が締結され、大同盟軍はカタルーニャから撤退した。その結果、孤立無援になったカタルーニャはなお戦争を継続するが、最終的には一七一四年九月一一日、フェリペ五世とフランスの連合軍に屈したのであった。「九月一一日（オンザ・ダ・サテンブラ onze de setembre）」はカタルーニャ人に末永く記憶され、一九世紀以降のカタルーニャ・ナショナリズムに力強い刺激を与えることになろう。

〔19〕 宗教裁判――スペインにおける宗教上の取り締まりはきわめて厳しく、範囲も広かった。それは中世以来多数の異教徒とその改宗者が混在していたからであろう。カトリック教徒のほかに、ユダヤ教徒、イスラム教徒、プロテスタント教徒、さらにそれらからカトリック教徒への改宗者がいたのだった。そうした人々を時には緩め、時には厳しく、カトリックの戒律で律し、ときどきの状況によっては異教徒の国外追放を実行して宗教的一元化を達成してきたのが、スペイン近世の歴史であった。そして、そのための司法、行政が異端審問所と宗教警察であった。近世の異端審問所が最初に設置されたのはセビーリャであったが、カタルーニャでは一四八四年、バルセロナに設置された。

やがて、異端審問は信仰信条、思想の取り締まり、出版物の検閲から生活上のモラルにまで対象を広げ、宗教警察は宿屋の宿泊者にまで干渉するに至った。こうした司法と行政を梃子にした宗教上の取締は一七七〇年、異端と背教の罪の審理にのみ限定する規定がなされたり、その後生じた革命の都度、廃止が主張されながらも、実質的な効力は疑わしいが、一八三四年まで続くことになる。

〔20〕 これはモンジュイク（Montjuïc）の丘（ユダヤ人の丘の意味）にある一六四〇年に築城され、一六九四年に拡張されたモンジュイク城塞である。

〔21〕 私掠船――これはアフリカ北西部のマグレブ（Magreb）地方の諸港を基地にするイスラム教国系の私掠船である。

〔22〕 ジローナ（Girona）――バルセロナから北東へ九七キロメートル、カタルーニャ地方東部の中心都市。前五世紀のイベリア人集落に端を発し、ローマ時代に都市化した。七八五年にアラブ人から解放された司

教座聖堂のある都市。ヤングは大聖堂にまでは言及したが、その隣の宝物庫に保管されたタピストリー、『天地創造図 *Tapis de la creació*』を見ていない。それは一一世紀末か一二世紀初頭の作品で、天地創造の場面を、三部分に分割した刺繍で表現されている。

『イタリア紀行』原註

（1）その後パリで、私はこの事実を確認した。

（2）ボズウェル氏の楽しい『ジョンソン博士伝』を参照のこと。

（3）スコットランドの貴人――若い貴人キンロック氏とかいう人物と一緒に旅行中。

（4）私がサファクの近所の地に居を構えさせたのだった。

（5）ボタン――ミラノの項を見よ。

『イタリア紀行』訳註

〔1〕テンダ峠（colle di Tenda）――これは当時イタリア領にあったが、現在はフランスとイタリアの国境をなす峠。フランス語名はタンド峠（col de Tende）。リグリア・アルプスと沿海アルプスの境界に位置し、標高一九〇九メートル。ローマ時代から南フランスと北イタリアを結ぶ街道が設けられたが、急峻で落石が多く、難所があったので、他の街道が整備されると、しだいに重要性が失われた。中世にはヴェネツィアの海塩をニースへ搬送する塩の道とされたが、近世にはヤングの指摘する街道の新設で脚光をあびた。

〔2〕ヴィットーリオ・アマデオ三世（Vittorio Amadeo III, 1726–96）――サヴォイア公、サルデーニャ国王（在位一七七三～九六年）。彼は宮廷政治を復活させるなど保守的傾向が強かった。一七九二年、フランス革命軍にサヴォイアとニッツァ（ニース）を占領され、一七九六年、ナポレオンのイタリア遠征軍にピエ

モンテを占領されるなど、苦難の時代の国王として常に隣国フランスを敵にまわした。

〔3〕デュタン氏（Louis Dutens, 1730–1812）――フランスの哲学者、古銭学者。トゥールのカルヴァン派信者の家庭に生まれ、イギリスで古典語、外国語の教育を受ける。トリノ駐在イギリス公使の秘書になり、さらにサルデーニャ王国の王室修史官になる。熱心なプロテスタントとして、一八世紀の啓蒙思想とカトリック主義と戦う。

〔4〕トレブルキ（trebulchi）――これはピエモンテ地方ニースの土地で使用される長さの単位と思われる。仏訳はこのままの表現を踏襲している。土地面積についてトレブッキ（trebucchi）はある（400 trebucchi = 1 giornata）が、トレブルキについて訳者は調べがつかなかった。

〔5〕クネオ（Cuneo）――古代ローマ名クネウム（Cuneum）、イタリア北西部、アルプス山脈の東側、標高五四三メートルにある都市。商業の中心地で、本文に言及はないが、一三世紀に建立されたサン・フランチェスコ大聖堂がある。

〔6〕ヴィーゾ山（monte Viso）――イタリア北西部にあり、フランスとイタリアの国境をなす分水嶺から見ると、イタリア側に突き出た位置にある岩峰で、標高三八四一メートル。古名ヴェスルス（Vesulus）で、イタリア側クネオ付近から見ると、分水嶺の山々より高く見えるため、古代、中世にはヨーロッパの最高峰と考えられた。一八六一年、初登頂される。

〔7〕よい手本になるところはない――これはヤングが北イタリアの農業的繁栄を指摘した典型的な部分である。彼は手ばなしでほめる例が少ないため目立たないが、北イタリアが農業では発展し、先進的だとみていた。

〔8〕アルトワ伯――『フランス紀行』の訳註〈一七八七年〉（9）、三四〇頁で明らかにしたが、名前はシャルル・フィリップ（Charles Philippe, comte d'Artois, 1757–1836）。ルイ一五世の四番目の皇太子、ルイ一六

世の弟。王政復古期に兄ルイ一八世の後を継いで、シャルル一〇世（在位一八二四〜三〇年）として国王になった。絶対王政期には兄の宮廷に寄食し、浪費家のため、国庫に多大の負担をかけた。一徹な絶対王政主義者で、ことごとく改革に反対したため、一七八九年七月一七日、亡命者の第一陣として一家で国外に亡命しなければならなかった。亡命地としては本文にあるようにピエモンテ王国をたより、トリノ近郊のモンカリエーリ城を居城としたが、反革命派の中心人物としてマントヴァ、マドリードなど各地の宮廷に出没して、列国による革命干渉を働きかけた。

〔9〕　トリノ（Torino）——古代ローマ名アウグスタ・タウリノールム（Augusta Taurinorum）。イタリア北西部、パダノ＝ベネタ（Padano-Veneta）平野の西端に位置し、ドーラ・リパリア（Dora Riparia）川とポー河の合流地点、標高二三九メートルにある都市。ローマ軍の駐屯地として建設され、六世紀にランゴバルド公領に入って以来、その支配をめぐって争いが繰り返され、最終的に一四一八年、サヴォイア公国に併合され、首都になった。とくに一七、一八世紀における都市建設はめざましく、現代にほこるバロック様式の市街地が形成された。フランスとの関係が深く、一六、一七世紀には、二度フランス軍に占領されたが、一七〇六年にも包囲されるなど危機を経験した。一七二〇年、サヴォイア公国がサルデーニャ王国になると、トリノは政治、経済、文化の中心地として重要になるが、一九世紀のナポレオン期にはフランスに併合され、一八〇二〜一四年にはポー県の県庁所在地になる。その後ナポレオンが没落すると、サルデーニャ王国の首都に復帰し、リソルジメント（イタリア統一運動）の中心地になったが、イタリア統一後一八六四年、首都はフィレンツェへ移り、衰退期を迎える。しかし、一九世紀末から水力発電を利用した工業化が進み、地場産業として自動車工業〈フィアットＦＩＡＴ社〉も成長し、ミラノにつぐ工業都市へ変貌した。

ヤングの訪問した時代、トリノはサルデーニャ王国の首都として安定し、人口約九万人を数え、王宮、マダマ宮殿、広場、道路等主要な都市施設の整備を終了していた。一九世紀まで、上流階級の人々はフランス語を母語にしている。

〔10〕城館――一五世紀に建設された正方形の城館で、マダマ宮殿（palazzo Madama）という。一七一八年、トリノの都市改造のためシチリア島から招請された建築家フィリッポ・ユヴァッラ（Filippo Juvarra, 1678-1736）により、宮殿西側にバロック風の美しい正面をもつ一棟が加えられた。

〔11〕ユヴァッラ――訳註〔10〕を参照。

〔12〕農業協会――これは、イタリアにおける農業の普及、理論化、技術の応用、実験的栽培などを目的に一八世紀に各有力都市に設立された。スタッフには、当時学問が未分化で専門領域が確立されていなくて、農業に関心のある人なら誰でも参加できたため、数学者、天文学者、医師から農業愛好者まで幅広く関与した。トリノやミラノの協会は紀要を刊行したが、ヴィチェンツァ、パドヴァ、フィレンツェでは実験用の栽培地を確保していた。名称は農業協会（societa di agricoltura）が多いが、ミラノは愛国協会、フィレンツェは農芸学会（Academia dei Georgofili）など多様である。フランスのそれについては『フランス紀行』の訳註〈一七八七年〉（41）、三四四頁を参照。

〔13〕『政治算術』――『フランス紀行』の訳者あとがき、三八六頁を参照。

〔14〕フォンターナ氏（Mariano Fontana, 1746-1808）――イタリアの数学者。北イタリアのいくつかの都市で教職につき、論文を刊行したが、主著に『動力学講義 *Corso di dinamica*』（一七九〇～九五年）がある。

〔15〕ブニーヴァ博士（Michele Francesco Buniva, 1761-1834）――イタリアの自然科学者、医師。やがてトリノ大学病理学教授を務めるが、一八一四年その自由主義思想から解任される。ピエモンテの植物研究にも貢献した。

〔16〕ジョベール氏（Giovanni Antonio Giobert, 1761-1834）――イタリアの化学者、王立トリノアカデミー会

員。もっとも早くフランスのラヴォワジエの理論（燃素存在論の否定）をイタリアへ普及させた。一七九八年、トリノ臨時政府のメンバーになった。

〔17〕ロレンツォ・サッバティーニ（Lorenzo Sabbatini, 1530–1576）——イタリアの画家。初めボローニャへ、やがてローマへ出て、ラッファエッロの画風に学ぶ。代表作は共作で、聖パウロの生涯を描いた。

〔18〕フラ・アンジェリコ（Fra Angelico, 本名 Guido di Pietro, *c.*1400–55）——イタリアの画家、修道士。ドミニコ会の修道院に入り、修道士のかたわら画業に打込む。フィレンツェ、ローマで働くが、作品はすべて宗教画。代表作はフィレンツェのサン・マルコ修道院に集中して所蔵された『受胎告知』をはじめとする作品群。淡い色調ながら、はっきりとした輪郭で宗教的雰囲気を伝えている。

〔19〕カルロ・チニャーニ（Carlo Cignani, 1628–1719）——イタリアの画家。アルバーニ、レーニらの影響を受け、宗教画を描いたボローニャ派の巨匠。

〔20〕ヘラルト・ダウ（Gerard Dou［Dow, Douw］, 1613–75）——オランダの画家、版画家。レンブラントの弟子。肖像画から風俗画に移り、写実的な画風であった。明暗の効果をあげるのに巧みで、二〇〇余りの作品のなかには、『若い母親』、『病る婦人』などがある。

〔21〕ファン・ダイク（Van Dyck, 1599–1641）——オランダの画家。ルーベンスに学び影響を大きく受けた。一六二〇年からイギリス、イタリアを旅し、肖像画や宗教画を優美な画風で描いた。一六三二年からイギリスの宮廷画家に任ぜられ、国王一家や宮廷人の肖像を多く描いた。彼はフランドル派の巨匠として高く評価されている。多数の作品の中には、『聖母昇天』、『磔刑』などのほかに、『狩りにでるチャールズ一世』、『チャールズ一世とヘンリエッタ・マリア』などがある。

〔22〕『勇敢なウグイ』——原文には *The Lasca Fiera* とある。直訳すれば勇敢なウグイであるが、作曲者、タイトルについて調べがつかなかった。ヤングはしばしばオペラ名を間違うので、実在したかどうか分から

ない。

〔23〕　王宮――トリノから東へ八キロメートル、ポー河右岸の丘の上にモンカリエーリ（Moncalieri）城がある。これは一二六〇年以来サヴォイア伯の城になり、一五世紀に再建され、一七世紀と一八世紀に拡張された。後に、ヴィットーリオ・エマニュエル二世のお気に入りの居城となる。

〔24〕　王室の墓所――トリノ郊外スペルガの丘の頂上（標高六七二メートル）に、サヴォイア公ヴィットーリオ・アメーデオ二世がユヴァッラに命じて一七一七～三一年、聖堂を建立させたが、その内部に王室の墓所がある。

〔25〕　『気高い羊飼の娘』――イタリアの作曲家ピエトロ・グリエルミ（Pietro Guglielmi, 1727–1804）のオペラ *La Pastorella nobile*、初演が一七八八年ナポリ。彼はナポリの音楽院に学び、ヴェネツィア、ロンドン、ローマ、トリノ、ミラノで活躍し、二〇〇曲近くのオペラ・ブッハ（喜歌劇）を作曲した。

〔26〕　プライス博士（Richard Price, 1723–91）――イギリスの宗教家、倫理学者。ユニテリアン派の牧師としてロンドンで活躍。一七五八年の『道徳の基本問題』で名声を確立し、一七七一年の『生命保険支払いに関する考察』、一七七六年の『対米戦の正義と政策に関する考察』等影響を及ぼした著作は少なくない。

〔27〕　もてなす余力――これはフランス革命によって生じた、王弟アルトワ伯（後の国王シャルル一〇世）などフランス貴族の亡命を受け入れたことを指している。

〔28〕　ミラノ（Milano）――古代ローマ名メディオラーヌム（Mediolanum）。イタリア北部、パダノ＝ベネタ平野の北端に位置し、アルプス山脈の南麓、標高一二二メートルにある都市。ケルト人の建設した交易の集落から発展し、ローマ人に征服された後、ミラノは都市として拡大した。その間、それは六世紀にランゴバルド公領になり、さらに自治都市や共和政の時代、ヴィスコンティ家やスフォルツァ家の支配の時代も経験したが、近世になると、一五三五年以来スペインのハプスブルク家の支配下に入っている。やがて、

一七〇七年、オーストリアがスペイン継承戦争を口実に北イタリアに進出すると、ミラノはオーストリア支配下のミラノ公国として残存することになる。さらに、一七四八年、オーストリアは女帝マリア・テレジアのもとでミラノの直接統治をすすめ、旧弊を打破するため改革を実行した。その結果、ミラノ公国では課税の平等などについてある程度の成果をあげることができた。

しかし、フランス革命期を迎えると、ミラノは激動の時代に突入することになる。それは一七九六年、ナポレオンがイタリア遠征を始めたことによる。彼は北イタリアを征服すると、一七九七年、ミラノを中心にフランスの衛星国、チザルピーナ共和国を作り、さらにそれを一八〇二年、イタリア共和国へ、一八〇五年、イタリア王国へ改組したのだった。かくて、ミラノは共和国や王国の首都として翻弄されるが、ナポレオンが没落すると、ふたたびオーストリアの直接支配のもとに入る。しかし、そこでもまた、ミラノはオーストリアの作るロンバルド王国の首都の役割をあてがわれ、統治の中核とされるが、沈黙を余儀なくされる。そのミラノが反オーストリア感情を爆発させ、〈ミラノの五日間〉を一八四八年三月、パリの二月革命に呼応して引起すことになる。こうしてミラノも他都市並みにイタリア統一へ向けて準備を進めることになり、オーストリアの支配を脱して、一八五九年サルデーニャ王国の軍門に降り、イタリア王国の一都市になったのであった。それは永きにわたる激動の波動であったが、ミラノの都市としての発展に必ずしも有益ではなかった。ミラノの発展はリソルジメント以後であった。とくに一九世紀末から電力発電が本格化すると、それを利用した工業化が進み、繊維工業などを中心にして、イタリア第一の工業都市へ成長していく。

ヤングの訪問した時代、ミラノは人口約一〇万人、オーストリア政府のいわゆるヨーゼフ二世の改革期にあった。それはヨーゼフ二世のよかれと思って行なう独善的で一方的な改革であり、啓蒙的、人道的制度の確立にあったが、それに反して集権的で実情から乖離した法をもたらしていた。しかし、実際には、ヤングの日誌からは何ら啓蒙的、改革的な風潮や熱気に言及がないのには奇異の感に打たれる。ヤングがミラノへ到着したのは一七八九年一〇月四日である。それはヨーゼフ二世が死去する前年であり、彼の改革が本国ではすでにほとんど頓挫してしまったことを反映して、ミラノも沈滞しているのであろうか?

〔29〕アモレッティ師（Carlo Amoletti, 1741–1816）——科学者、一七五六年、聖アウグスティヌス会士、一七六九年、在俗司祭、一七九七年、アンブロジアーナ（Ambrosiana）図書館館長、一八〇八年、イタリア王国鉱山局長を歴任。ヤングが出会った時代はまだ愛国（農業）協会の事務局長をしていて、要職にはついていないようだが、やがて農業学と経済学の分野では当代一流の専門家になる。ヤングにとってはイタリアの農業観察旅行上便宜をはかってもらった貴重な人物。著書多数。

〔30〕ド・ブルソネ氏——『フランス紀行』の訳註〈一七八七年〉(21)、三四二頁を参照。

〔31〕オリアーニ師（Barnaba Oriani, 1752–1832）——イタリアの天文学者、測地学者。多様な分野に手を染め、ブレラからミラノまでの天文台長をするが、土地の測量も行なった。

〔32〕立派な劇場——これはスカラ座（teatoro della Scala）（一七七八年開場）のこと。ヤングの本文にあるように、見事な劇場で、ロッシーニ、ドニゼッティ、ベッリーニ、ヴェルディ、プッチーニといった一流の音楽家の作品がここで初演された。現代においても世界でもっとも重要なオペラ劇場。

〔33〕チマローザ（Domenico Cimarosa, 1749–1801）——イタリアの作曲家。貧しいレンガ職人の家庭に育ったが、ナポリの音楽院に学び、一七七二年、最初のオペラを書いて成功、作曲家としての地位を確立した。その後は多数のオペラを作曲、一七八〇年代にはイタリア随一とされたパイジェッロのライバルとされた。一七八七年、ペテルブルクに招かれ宮廷作曲家、一七九一年、ウィーンに招かれサリエリの後任の宮廷楽長、一七九三年、ナポリで宮廷楽長に任ぜられた。その間も多数のオペラを書き、人気を博したが、一七九九年、ナポリに民衆蜂起が生じ共和政が登場した際、求めに応じ、詩に作曲したことを復帰した王政に

とがめられ投獄された。やがて許され追放されたが、ヴェネツィアで急死。彼の音楽の特色は、明るく、生き生きとして陽気なことにあり、豊な旋律で人を楽しませたことにある。ここに出てくるオペラ『みじめな劇場支配人 *L'Impresario in angustie*』は初演が一七八六年、ナポリ。

〔34〕ファガーニ侯爵夫人(Marchesa di Fagani)——スターンの小説『センチメンタル・ジャーニー』(松村達雄訳、岩波文庫、一九五二年、九一〜九二頁)のなかでは、スターンはミラノでマルティーニの音楽会の会場入口で相手に道を譲ろうとして、夫人と六回左右に飛びのいて鉢合わせをすることになる、滑稽な知り合い方をすることになっている。

〔35〕ミラノの大聖堂(Duomo)——ミラノ公ジャン・ガレアッツォ・ヴィスコンティ(Gian Galeazzo Visconti)の命により、一三八六年に着工された後期ゴシック様式の大聖堂。高さ一五八メートル、幅九三メートルのラテン十字形で、それを凌ぐ聖堂はわずかにローマのサン・ピエトロ大聖堂とセビリャの大聖堂のみである。

〔36〕サン・ロレンツォ・マッジョーレ(San Lorenzo Maggiore)教会——これは四世紀に建立され、一二世紀と一六世紀の二度丸天井が崩落した後再建された教会で、四つの重厚な四角の塔がついている。教会付属の聖アクイリーノ礼拝堂には、初期キリスト教時代の石棺がある。

〔37〕サン・フェデーレ(San Fedele)教会——これはペレグリーノ・ティバルディ(Pellegrino Tibaldi)によって一五六九年に着工され、一九世紀に完成した比較的新しい教会。ルネンサンス建築の好例をなしており、ヤングがほめたのはルネサンス様式である。

〔38〕ロレンツィ(Stoldo Lorenzi, 1534–1583)——イタリアの彫刻家。彼の作品『アダム』と『イヴ』は今日サン・チェルソ教会にはない。『アダム』はミラノの古典古代美術館に収蔵されている。

〔39〕二人のプロカッチーニ——Cam. Procaccini(1546–1627)と Guilo Cesare Procaccini(1574–1625)のこと

である。

〔40〕 大病院——マッジョーレ病院（Ospedale Maggiore）のこと。一四五六年、フランチェスコ・スフォルツァ（Francesco Sforza）公とその妃によって建てられた巨大な長方形に近い建物。一五世紀のミラノにおけるもっとも美しい建物のひとつ。ゴシック様式とその後の様式をとりまぜて作られている。ヤングの説明にはやや混乱がみられる。スフォルツァ公は建物の施主である。

〔41〕 サン・タンブロージョ（basilica di S. Ambrogio）聖堂——ミラノの大司教タンブロージョによって三八六年に建立されたロマネスク建築の傑作。全面に回廊がつき、身廊は広々としてアーチで支えられている。中央祭壇下の地下納骨堂には、聖人に列せられたアンブロージョの遺骨が納められている。

〔42〕 リウトプランド（Liutprand, *c.*690–744）——ロンバルディア王として七三二年にラベンナとアンコーナを一時占領したが、ローマ攻略には失敗した。

〔43〕 ロタール（Lothar, 795–855）——フランク王国のルードウィヒ一世の子で、八一七年、父と共同統治者になったが、後父に叛き、その死後は八四〇〜四三年ドイツ国王に就き、八四三年のヴェルダン条約により皇帝となり、北海から北イタリアに及ぶ広大な領土を支配し、八五五年、領土を三人の子に分割した。

〔44〕 『最後の晩餐 *Cenacolo Vinciano*』——サンタ・マリア・デッレ・グラツィエ（S. Maria delle Grazie）教会に隣接するドミニコ派修道院の食堂の壁に、レオナルド・ダ・ヴィンチ（Leonaldo da Vinci）が直接描いたテンペラ画。一四九五〜九七年に描かれた作品で、最初から耐久性が弱かったので損傷が進み、何度も修復作業を受けた。この画はキリストが一二人の弟子へ、自分を裏切る弟子の存在について語っている姿を描いたもので、裏切ったユダはキリストから左に三人目の人物として示されている。巧みな空間構成、雰囲気をかもしだす光、奥行きのある位置どりなど十分計算された心にくい手法である。

〔45〕 ボビン——『フランス紀行』の訳者あとがき（三九〇頁）で指摘したようにボビン（Bobbin）は著者の

三女、本名マーサ・アン（Martha Anne）の愛称。彼は彼女を溺愛した。

〔46〕タッソー（Torquato Tasso, 1544–1595）——イタリアの詩人。フェラーラ公の宮廷に仕えながら詩作にはげみ、一五七五年に叙事詩の傑作『エルサレム解放』を書き、有名になる。しかし、その後は精神に異常をきたし　幽閉、放浪をくりかえす不安定な生活を続けながら詩作にはげむ。やがて教皇が桂冠詩人に叙せんとするが、その前に没。

〔47〕マラー（Gertrud Elisabeth Mara, 1749–1833）——ドイツのソプラノ歌手。一七五九年、ロンドンで本格的な歌のレッスンを受け、才能を認められる。一七六七年、ドレスデンでオペラにデビュー、成功をおさめる。プロイセンのフリードリヒ大王の庇護を受け、地位を確立する。一七八〇年代からドイツのほかにオーストリア、オランダ、イタリアなどでも歌い、全盛時代を謳歌する。一七八九年秋には北イタリアの諸都市で歌っており、クレーマの音楽会で聴いたというヤングの証言と一致する。やがて、一九世紀に入ると声に力を失い、仕事をとれなくなる。そのため貧困を余儀なくされ、音楽教師をする。ロンドンに戻って御前公演を行なうが、もはや評価を受けることはなかった。

〔48〕オペラ『アヴァラ』——パイジェッロ、チマローザ、グリエルミ、グルック、グレトリーらこの時代の多数の作曲家のそれぞれの全作品にあたったが、*Avara* の存在を確認することができなかった。

〔49〕リラ（lira）——語源はラテン語の〈libra〉からきている。古くから金額の計算に使用されるが一五世紀頃までリラを表示した貨幣は発行されなかった。イタリアでは多数の小都市国家へ分裂し、それぞれが独自の名称と単位を持つ貨幣を鋳造したので、きわめて複雑である。スクード（scudo）、ピアストラ（piastra）、テストーネ（testone）、グラーナ（grana）、タレッロ（tallero）などきりがない。なお、リラの複数形はリレ（lire）だが、誤解を避けるため、単数形リラに統一して表記した。それと同じことがリラの二〇分の一ソルド（soldo）、さらには後述のパオロ（paolo）、ツェッキーノ（zecchino）についても言え

る。ソルドの複数形はソルディ（soldi）、パオロの複数形はパオリ（paoli）、ツェッキーノの複数形はツェッキーニ（zecchini）だが、いずれも単数形ソルド、パオリ、ツェッキーノに統一して表記した。

〔50〕サイモンズ教授――『フランス紀行』の訳註〈一七八七年〉（1）、三三九頁を参照。

〔51〕ガルダ湖（lago di Garda）――古代ローマ名ラクス・ベナクス（lacus Benacus）。イタリア北部にあるイタリア最大の湖。面積三七〇平方キロメートルで、琵琶湖の五五パーセント程度の大きさ。温暖な気候のため果樹栽培に適している。

〔52〕カニョーラ氏――ヤングはカニョーラ（signore Caniola）としたが、アントニオ・カニョーリ（Antonio Cagnioli, 1743–1816）の誤りと思われる。彼は天文学者、気象学者、数学者。最初ヴェーネト共和国の外交官になったが、三七歳のときパリでド・ラランドとともに天文学の研究を始める。以来、天文学を中心に自然科学の研究に従事し、ヴェローナの農業協会事務局長のような職も務めるが、功績としてはヴェローナとブレーシャに天文台を建てている。著作に数学の『平面と曲面三角法』などがある。

〔53〕円形演技場――『フランス紀行』の訳註〈一七八七年〉（75）、三四八頁を参照。

〔54〕ミケーレ・サンミケーリ（Michele Sanmicheli, 1484–1559）――イタリアの建築家。ヴェローナ出身でブラマンテの弟子。オルヴィエート大聖堂の建築主任からヴェネツィアの築城主任となり、要塞構築で手腕を発揮、生地に多くの市門を残した。

〔55〕コンシリョ回廊（loggia del Consiglio）――都市評議会用に建築されたルネサンス様式の大きな建物。フラ・ジョコンド（Fra Giocondo）により一四七六～九三年頃に建設された。優美な八つのアーチに支えられ、壁面には上塗が施され、ローマ時代のヴェローナ出身の人士の立像で飾られている。

〔56〕劇場――ローマ劇場（teatro Romano）。アウグストゥス帝のもとで建設されたが、古いため、一八世紀にはどの程度利用されたのか判明しない。今日は舞台、観客席、階段席が残っていて、夏期に野外劇場と

して利用されている。

〔57〕ヴェローナで『ロメオとジュリエット』に言及がないことに注目したい。周知のように、シェイクスピアの名作『ロメオとジュリエット *Romeo and Juliet*』（一五九四～九五年）の舞台はこのヴェローナである。二人の悲恋の物語の家、バルコニーなど道具立ては揃っているが、ヤングの本文で何らの言及がないのは奇異に思われる。

〔58〕パオロ（paolo）貨——ローマ教皇パウルス（Paulus）三世のもと（一五三四～四九年）で鋳造された銀貨。ヤングが旅行した一八世紀末でも、イタリア各地において時価で交換され、使用された。

〔59〕パッラーディオ（Andrea Palladio, 1508–80）——イタリアの建築家。パドヴァ出身でヴィチェンツァで建築の才能を見いだされ、ラジョーネ宮の改築で名声を獲得、建築家の地位を確立した。彼の建築の特色は中央にドームのある主屋、両脇に低い翼部を配し、中央の主屋にはギリシア神殿風の玄関をとりつけるという古典的形式美をそなえたもので、新古典主義の典型とされる。彼はこれを一五七〇年の『建築四書 *Quattro libri dell'architettura*』に収録図示した。彼のこの手法はパッラーディオ主義として広く支持され、一七～一九世紀のヨーロッパ各地ばかりか、アメリカでも広く受け入れられた。

〔60〕円形建物（La Rotonda）——別称ヴィラ・カプラ（Villa Capra）。パッラーディオが設計したもっとも有名な郊外の邸宅。一五五一年、パッラーディオに着工され、死後スカモツィに引き継がれ、一六〇六年に完成した。正方形の建物の中心に円形のホールを配し、その上にクーポラを載せている。円の中心で直角に交差する二本の軸線で四分割された四つの部屋が円形ホールを囲んでいる。また、正方形の建物の四面には、ギリシア神殿の正面を思わせる六本のイオニア式列柱が配された玄関が設けられている。

〔61〕オリンピコ劇場（teatro Olimpico）——パッラーディオ最後の作品で、弟子のスカモッツィにより完成された。木材と化粧しっくいで作られた建物、楕円形に広がる階段席、遠近法を利用して奥行きのあるよ

うに見せかけた舞台が特色になっている。そのため、劇場としては古代の劇場と近代のそれとを結合させているのであり、〈最後の古代劇場、最初の近代劇場〉と言われる。

〔62〕原文にはバルバラーナ邸（palazzo Barbarana）とあるが、これはポルト＝バルバラ邸（palazzo Porto-Barbarano）の誤りと思われる。

〔63〕ラジョーネ宮（palazzo della Ragione）――今日バジリカ（Basilica）と呼ばれている巨大な建物。かつて市議会、裁判所、商品取引所などの入っていた建物で、一五世紀中頃に建設されたが、一五四九年、その改築をパッラーディオが手がけた。彼は二層の回廊で建物を囲い、古典様式でまとめ、代表作に仕上げた。

〔64〕アルドゥイーノ氏（Giovanni Arduino, 1714–95）――地質学者。一七六九年、ヴェネツィアで農業長官、水質局顧問官を歴任。パドヴァ大学教授。鉱床、冶金術の装置、火山活動、化石、ミネラルウォーターなどについて著作多数。

〔65〕オペラ『ロッカ・アッツッラの二人の男爵 *I due baroni di Rocca Azzurra*』――初演は一七八三年、ローマ。

〔66〕サンタ・ジュスティーナ（Santa Giustina）教会――一五〇二年イル・リッチオ（Il Riccio）に設計されたベネディクト派の教会で、内部はバロック様式で装飾され、一七世紀ヴェネツィア美術の典型を呈している。

〔67〕トアルド氏（Giuseppe Toaldo, 1719–97）――天文学者。一七六二年以来パドヴァ大学天文学教授。地球物理学と気象学を研究。主著に『天体気象誌 *Giornale astrometeorologico*』（一七七三～九七年）がある。

〔68〕フォルティス神父（Alberto Fortis, 1741–1803）――自然科学者、旅行家。多様な旅の研究を行ない、多数の旅行記を書いて有名。イギリスで有名なダルマティア旅行の旅行記は『ダルマティア紀行 *Viaggio in Dalmazia*』（一七七四年）のこと。

〔69〕　ブリストル卿――後出ハーヴィー卿と同一人物につき、訳注〔125〕と『フランス紀行』の訳註〈一七八九年〉(92)、三七五頁を参照。

〔70〕　風変わりな地――これはヴェネツィア(Venezia)のこと。当地は古代ローア名ヴェネティア(Venetia)。イタリア北東部、アドリア海湾奥の潟湖《せきこ》の上に形成された都市。ヴェネツィアの起源は六世紀頃フン族など異民族の侵入を避けて潟湖にある島々に人々が居住したことに始まる。やがて、東ローマ帝国の支配下に入るが、九世紀に独立し、交易を通じて東地中海一帯へ勢力を拡大した。一一世紀にはダルマティアからギリシアへ支配領域を拡大し、貿易国家として海外に植民地まで獲得して地歩を確立した。交易の範囲はアフリカ北岸から中近東、トルコ、バルカン半島、黒海沿岸に及び、アジア、アフリカからの香辛料、医薬品、織物、雑貨、宝石、砂金など高価な商品を輸入し、巨額の利益を手にした。一二七〇年、マルコ・ポーロがヴェネツィアを出発し、商売のため中国へ向かったのは自然の成り行きであった。

　こうしてヴェネツィアは一五世紀前半期までに経済的繁栄の頂点に達したが、それまでに貿易上のライヴァルでもあるオスマン・トルコとの対立が表面化した。さらに、一五世紀末期からは大航海時代の到来により、アジアや新大陸の物産が大西洋岸の諸港に入るようになり、貿易上占める役割を相対的に低下させることになった。そのため、ヴェネツィアは徐々に後退し、一五七一年にキプロス島を、一六六九年にクレタ島を、一七三九年にペロポネソス半島の要地をオスマン・トルコに奪われ、東方貿易のルートを断たれた。フランス革命期には、一七九七年、ヴェネツィアはナポレオン軍に占領され、一〇〇〇年以上に及ぶ共和政に幕をとじたのであった。その後のヴェネツィアにはオーストリアによる支配など紆余曲折があったが、最終的には一八六六年イタリア王国に併合されて終わる。

　その間、ヴェネツィアでは、共和政の仕組みが完成し、それによって政治が運営された。商人から貴族化した人々に選出される議員によって構成される大評議会が国政を担い、統領(doge)を任命する権限を握っていた。この構造は共和政の終焉まで変化しない。しかし、そこからあまり民主主義的な自由の雰囲気を想像することはできない。ヴェネツィア政治の内実は独裁的、専制的であり、『紀行』の本文で匿名知識人が語るようにしだいに自由化が進んでいたとは言え、なお自由に物の言える状況にはなかったのである。本文にはヴェネツィアに警察機構がまるで存在しないかのごとくに書かれているが、それは正確ではない。日常的に市民の目にふれる警察官は多くなかったが、一六世紀以来三人の国家糺問官《きゅうもんかん》(inquisitore di stato)からなる委員会が確立し、任期一年で治安維持に当たった。それは絶対的権力を与えられ、経費を十分使い、犯罪者を罰することができたが、他方で多数の密偵を使用し、告発させた。告発された者は逮捕され、拷問を受けた。この拷問は残酷で逮捕された者を死に至らしめた。このような意味で、ヴェネツィアは警察国家であったと言える。

こうした仕組みの政治のもとで、ヴェネツィアでは貿易上の役割の低下から、イタリア本土へ関心を寄せ、一五世紀にはヴィチェンツァ、ヴェローナ、パドヴァ、ブレーシャ、ベルガモといった後背地を獲得し、積極的な土地投資を行なった。それは一六世紀になると飛躍的に増大した。とくに一五二〇年代以降、バルカン半島の穀倉地帯がオスマン・トルコの手中におち、小麦価格が上昇したので、土地所有は小麦栽培によりかなりの収益をもたらすことになった。そのため、世紀末から一七世紀にかけて、貴族による土地投資が流行した。こうした経済の動きを反映して、イタリア本土からはさまざまなルネサンス文化と技術が流入し、ヴェネツィア社会で開花することになった。それは建築分野では古典主義の様式で、美術の分野では独特のヴェネツィア派で、音楽では声楽で、ガラス工芸ではヴェネツィア・ガラスで、活字文化では印刷と出版で一世を風靡し、支持されたのであった。かくて、ヴェネツィアの都市文化は内省的というより、華麗、優美、自由を追求して、明るい外向的性格を帯びることになった。

ヤングが訪問した一八世紀末期にもヴェネツィアはなお二〇万人に至っていなくて、昔日の栄光をとり戻してはいなかった。そこには、気怠く退廃的な雰囲気が濃厚で、かつての繁栄の資産で食べている共和政末期の姿しかなかった。

〔71〕 大運河（Canale Grande）——これはヴェネツィア市街地を逆S字形に貫流する三・八キロメートルの長さと三〇～七〇メートル幅の運河。両岸には一四世紀から一八世紀までの一〇〇以上に及ぶ大理石の宮殿と邸宅が林立している。

〔72〕 パオロ・ヴェロネーゼ（Paolo Veronese, 1528–88）——イタリアの画家。ヴェネツィア派の代表的存在。ヴェローナ出身で一五五五年にヴェネツィアに移り、ティツィアーノ、ティントレットと並ぶ名声を博した。代表作は『カナの結婚』（一五六二～六三年）、『東方の三博士の礼拝』（一五七三年）、『レヴィ家の宴』（一五七三年）である。主題は古代神話や宗教であっても、現世的、世俗的で豊な色彩を使って美を追求した。『レヴィ家の宴』では、道化、大酒飲み、ゲルマン人、小人など絵画の神聖さになじまないものを描きすぎたかどで、宗教裁判所へ召喚されたことがある。

〔73〕 ティツィアーノ（Vecelli Tiziano, 1490–1576）——イタリアの画家。ヴェネツィア派の代表的存在。ベリーニのもとで修行し、ジョルジョーネのもとで働いて、その影響を受ける。フェッラーラ公、スペイン国王、神聖ローマ皇帝等の知己を得、神話と宗教から主題をとった。代表作は『聖母被昇天』（一五一六～一八年）、『ヴィーナスの祭』（一五一五～一八年頃）、『酒神楽《さけかぐら》』（一五一八年頃）、『この人を見よ』（一五四三年）。優れた写実性と豊かで柔かな色調を使って美を表現した。

〔74〕 ドゥカーレ宮殿（palazzo Ducale）——ヴェネツィア共和国統領の官邸。九世紀に着工されて以来、老朽化、再建、焼失などにより変化し、現在の建物は一四世紀に由来する。二つの正面は装飾の多いゴシック様式の好例をなしている。内部には、統領の執務室や居室ばかりか、行政当局の事務室、法廷、元老院や大評議会用の議場、教会、牢獄まで設置され、権力の中枢であった。

〔75〕 ティントレット（Il Tintoretto, 1518–94）――イタリアの画家。ヴェネツィア派の代表的存在でヴェネツィア出身。ティツィアーノのもとで修行し、後独立した。宗教から主題をとった作品が多く、代表作には『最後の晩餐』（一五四七年）、『最後の審判』（一五六〇年頃）、『十字架上のキリスト』（一五六五年）、『天国』（一五八八年）などがあるが、肖像画も描いた。明暗の使い分けで立体表現を深め、晩年には暗色の地を用いて多くの支持を得た。マニエリスム様式の代表者と目されている。エル・グレコは彼の弟子。

〔76〕 コシャン（Charles Nicolas Cochin, 1715–90）――フランスのデッサン画家、銅版画家、装飾工、美術評論家。ルイ一五世の宮廷で行事や祝祭を演出、多数のイラスト、装飾図案を制作した。一七四九～五一年にイタリアを旅行し、古代への回帰を説き、新古典主義の普及に貢献した。『紀行』の本文に言及のある旅行記は『イタリア紀行 *Voyage en Italie*』（一七五八年）である。

〔77〕 ティリダテス（Tiridates III, *c*.238–314）――アルメニア国王でローマ人と同盟を結び、ディオクレティアヌス帝下のキリスト教徒に迫害を加えたが、後アルメニア教会の首長になったグレゴリウスにより改宗された。

〔78〕 コンスタンティヌス（Constantinus I, *c*.274–337）――ローマ皇帝でモエシアのナイッスス生まれ。コンスタンティウス（Constantius）一世の息子で、三〇六年父の死に際し正帝と宣されたが、帝位を争う者多数のため、ライヴァルをつぎつぎと破り、三二四年、単独の皇帝にのぼりつめた。三一三年、彼がリキニウス（Licinius）と共に発布したミラノ勅令は帝国内でキリスト教を公認する重要な勅令であった。三二五年、彼はニケーア宗教会議でアリウス派を異端とし、異教的伝統の強いローマを棄て、新都をビザンティウムに移し、これをコンスタンティノポリスと命名し、ローマ帝国の再建をはかった。

〔79〕 ライオンの口（bocca del Leone）――これはドゥカーレ宮殿三階の羅針盤の間の横にあるライオンの像の口。市民からの投書を受けつけた。

〔80〕ハーレキンとパンチネッロ――いずれも道化役者で、イタリアではアルレッキーノとポリチネットと言われたが、一七世紀後半、イギリスへ移入された。

〔81〕リアルト橋（ponte di Rialto）――これは市街地の中心にかかっている最古の橋。共和政の時代には、大運河にかかる唯一の橋として貴重であった。橋のかかった地域はリアルト地区として共和政の初めからヴェネツィアの商業的中心をなしていた。

〔82〕ニーガス（Negus）――一八世紀に考案された飲物。ブドウ酒に湯、砂糖、肉豆蔻《にくずく》、レモンを加える。それを初めて作ったイギリス人のフランシス・ニーガス（Francis Negus）大佐にちなんで命名された。英語としての初出は一七四三年。

〔83〕チャリング・クロス（Charing Cross）――ロンドンの中心的広場で、周辺には国立美術館など多数の施設が集中している。イギリス各地への距離はここを基点に計測される。

〔84〕バーニー博士――『フランス紀行』の訳註〈一七八九年〉（2）、三六三頁を参照。

〔85〕サン・マルコ聖堂（basillica di San Marco）――サン・マルコの遺体を祀るため、八三二年に建立された巨大な聖堂。その建築様式はギリシア十字形を保持しているが、上に乗った五つのドームは着想がイスラム的。多数のさまざまな様式と伝統が混在してビザンチンと西欧芸術の独特の組み合わせを生み出した。

〔86〕鐘楼（Campanile）――サン・マルコ聖堂の入口のすぐ前にある九八・五メートル以上の高さの鐘楼。最初の建設は九世紀で一二世紀に完成した。一九〇二年七月一四日、突然倒壊し、人を驚かせた。

〔87〕ジュ－デッカ運河（canale della Giudecca）――ヴェネツィアの市街地（北側）と対岸（南側）の細長いジューデッカ島のあいだにある、一見海のように広い運河。島には名のある建物はなく、地味な勤労者の住宅が並ぶ。

〔88〕サン・マルコ広場（piazza San Marco）――三方を公共的な建築物（サン・マルコ聖堂、旧政庁、新政

庁）に囲まれ、ヴェネツィア共和国史の重要な行事の多くが催された広場。ヤングはこの広場をヨーロッパきっての洗練された広場とするのは過大評価とみたが、ナポレオンは「ヨーロッパきっての洗練された応接間」と言っている。現在もヴェネツィアの生活の中心をなしている。

〔89〕 これから八年とたたないうちに、一七九七年四月、ヴェネツィア共和国は崩壊する。

〔90〕 サンソヴィーノ——建築家にサンソヴィーノ（Sansovino）は二人いるが、ヤングがヴェネツィアとの関係で挙げているところから、ジャコポ（Jacopo）・サンソヴィーノ（一四八六〜一五七〇年）と思われる。彼はフィレンツェ出身の彫刻家、建築家。ローマからヴェネツィアへ移り、一五二九年以来精力的に関与し、造幣局、コルネール宮、マルチャーナ図書館等を設計した。

〔91〕 サン・ジョルジョ・マッジョーレ教会（chiesa di San Giorgio Maggiore）——パッラーディオ様式のこの教会は一五六五年パッラーディオに再建され、三〇年後スカモッツィによって完成された。

〔92〕 サンタ・マリア・デッラ・サルーテ教会（chiesa di Santa Maria della Salute）——バロック建築の傑作とされるこの教会は、一六三〇年のペストが退散したのを記念して建立された。建設の礎石は一六三一年、設計はバルダサーレ・ロンゲーナ（Baldassare Longhena）である。

〔93〕 マルティーニ（Vincenzo Martini il Valenziano）——スペイン人としてはマルティン（Vicente Martín y Soler, 1754-1806）。スペインの作曲家。バレンシア（Valencia）のマヨール（Mayor）教会つきテノール歌手の息子で、マドリードで一七七六年、オペラの作曲家としてデビュー。作曲上の指導をボローニャのジョヴァンニ・バッティスタ・マルティーニ（Giovanni Battista Martini）神父（作曲家）から受け、上達したものと思われる。その結果、イタリア・オペラの作曲家として成功をおさめ、一七七九〜八五年までナポリ、トリノ、ヴェネツィア、フィレンツェなどから委託を受けオペラを作曲した。一七八五年以後ウィーンに居住し、ヨーゼフ二世にひいきされ、その後はロシアのエカテリーナ二世の招きでザンクト・ペテ

ルブルクへ行き、ロシア・オペラの作曲や音楽指導に当った。代表作は『めずらしいこと*Una Cosa rara*』(一七八六年)だが、そのほかにも多数のオペラがある。ヤングは自分の見たオペラのタイトルを思い違いしている。それは『無愛想だが心根の優しい人*Il Burbero benefico*』ではなく、『無愛想だが心の優しい人Il Burbero di buon cuore』である。初演は一七八六年、ウィーン。

〔94〕共和国の公式座上船——ヤングの本文ではbucentaurとなっているが、正しくはbucentauroもしくはbucentoroとかbucintoroと言う。共和国の統領が祭礼や儀式に用いる金色に塗られた豪華絢爛たるガレー船だが、ヤングには気に召さなかったようである。

〔95〕シェンストーン(William Shenstone, 1714–63)——イギリスの詩人。オックスフォード大学に学ぶ。一七三五年に地所を相続し、収入の大半を費やして有料の庭園を造る。スペンサー(Spenser)を模して書いた『女教師*The Scoolmistress*』(一七四二年)を発表して詩人の地位を確立。ほかに『宿屋の頌詩*Written at an Inn at Henley*』(一七五一年)などがある。

〔96〕二五カ年かけて——原文は二五カ年かけてとあるが、月の誤りであろう。

〔97〕「ひとつに和して……」——この引用文はヤングの記憶違いで、正しくない。正しくはペトラルカ(Petrarca)の『詩集*Canzoniere*』中のソネット、作品番号二九七で、原文は〈Due gran nemiche inseme erano agiunte, . . .〉である。
訳文は池田廉訳『ペトラルカ　カンツォニエーレ』(名古屋大学出版会、一九九二年、四五一頁)によると、「大いなる敵《かたき》同士の〝美〟と〝純潔〟が一つに和して……」である。

〔98〕ファエル——ヤングの思い違いで、ファエルではなく、ガブリエル・ド・ヴェルニー(Gabrielle de Vergy)である。

〔99〕「……誇張ではなかった」——これは訳註〔25〕にも引用したスターンの小説『センチメンタル・ジャ

ーニー』(前掲書、一〇一頁)に出てくるランブイエ(Rambouillet)夫人の話。彼女はスターンと市外へ馬車で遠出をした帰途、スターンに馬車をとめるよう命じさせ、小用を足しに下車している。

〔100〕 オウタヒーティ島——タヒチ(Tahiti)島の旧称。

〔101〕 ××さん——この見識あるヴェネツィア人の名前をヤングが匿名にしたのはヴェネツィアが共和国とは名ばかりで、独裁的、専制的国家であったからである。彼は自由主義的見解やヴェネツィアの実情を率直に述べた人をヴェネツィアが不利に扱うのを危惧してのことである。イタリア旅行を通じて、このようなヤングの配慮はこれが唯一の例である。

〔102〕 『ステラへの手紙 *Journal to Stella*』——ジョナサン・スウィフト(Jonathan Swift)の原典(edn., London, 1955)の本文にあたったが、そのようなくだりは見つからない。

〔103〕 ド・ラランド氏(Joseph-Jérôme Le François de Lalande, 1732-1807)——フランスの天文学者、コレージュ・ド・フランス教授。ハレー彗星の周期表を改良し、一七八九〜九八年間に五万の星の位置圏を定めた。多様な事象に関心を持ち、多数の著作がある。ヤングが本文でしばしば引用するのは『あるフランス人のイタリア旅行 *Voyage d'un Français en Itali*』(8 vols., Venise et Paris, 1769)。

〔104〕 フェッラーラ(Ferrara)——古代ローマ名フォールム・アリエニ(Forum Alieni)。イタリア北部、ポー河最下流部に位置し、支流右岸の低地、標高一〇メートルに形成された都市。船はアドリア海からヤングの本文にあるようにポー河をさかのぼり、運河を利用してフェッラーラの南側にある港へ入ることができる。

フェッラーラは、海岸にあったエトルスキ人の町スピーナ(Spina)の住民が前五世紀頃、高潮か津波により家屋や神殿を流失し、高台に避難所を求めたのが機縁で生じた。フェッラーラの名称が史料上確認できるのは八世紀後半からで、一二世紀には独立して自治都市を形成した。やがて、同市も神聖ローマ帝国のフリードリヒ一世がイタリアへ遠征してくると、それへの対抗から一一六七年にはロンバルディア都市同盟へ参加した。こうして、フェッラーラもまた周辺都市と同様教皇派に、やがては皇帝派に組して苦難の対立時代を経験することになる。他方、市政ではエステ家が諸集団の利害の調停者となって現われる。それはミラノに典型的に現われたが、シニョーレ（Signore）である。それは都市の非常事態のもとで直面する状況を解決する能力を持つ者に委任される全権限と無期限の任期をそなえた地位であって、それが組織する政体をシニョリーア（Signoria 執政府）と言う。フェッラーラでは、市政のなかでエステ家が台頭し、シニョーレとなり、シニョリーアを確立したばかりか、余勢をかってモデナ、レッジョ・エミリアの諸都市にも確立し、同家の同一人物がいくつものシニョーレを兼務し、皇帝や教皇から公爵に叙せられ、フェッラーラ公、モデナ公、レッジョ・エミリア公と称した。フェッラーラについては、エステ家は一五九八年に至るまで支配することになる。

その間、中世には大聖堂（一一三五年に着工され、増改築をかさね、ロマネスク様式にゴシック様式が加えられ独特の混合様式をなす）、エステ家の城（Castello Estense）（一三八五年に着工された堅固な城郭という名にふさわしい建物で、教皇国家時代には教皇特使の居城で、ヤングの本文に出てくるヴィッラ侯の宮殿となる）、大学（一三九一年創立）が建設された。ルネサンス期になると、エステ家の保護は一段と手厚くなり、文芸、芸術、都市改造等で輝かしい成果をあげた。文芸では、ヤングが指摘するエステ家の宮廷おかかえの詩人アリオストが登場し、芸術では、中堅画家たちが招かれ活躍したのが刺激になり、幻想的、技巧的なフェッラーラ派（Scuola Ferrara）が形成されトゥーラ（Tura）ら一群の画家を輩出した。建築では、ビアジョ・ロッセッティ（Biagio Rossetti）が出て、ディアマンテ宮殿に着工したが、都市改造では、エステ家の君主エルコレ（Ercole）一世はそのロッセッティに命じて野心的な都市改造を実現した。それは市壁を拡大して、エステ家の城の北側に広大な新市街を建設したことにある。それはヤングが目ざとく見つけて評価した地区である。

一六世紀末になると、エステ家には直系の後継者が絶える。そのため、教皇はフェッラーラ公国を没収、教皇国家に併合した。かくて、フェッラーラは一五二〇年には人口四万人を数える活気のある都市であったが、あたかも歴史的使命を終えたかのように停滞し、貧弱な農産物の集散地へ転落したのだった。ヤングが訪問したのはそうした停滞期であった。彼が同市からボローニャへ至る教皇国家の農村部を評して「創造と改良は当地で試みられることのなかった自然科学上の実験である」としたのは停滞の実情をよく伝えている。

一七九六年、フランス革命の余波はフェッラーラにも及び、同市はナポレオン軍に占領される。それからのフェッラーラはチスパダーナ共和国→チザルピーナ共和国→イタリア共和国→イタリア王国へと目まぐるしいまでに編入を繰り返され、ナポレオン体制の崩壊によりふたたび教皇国家へ戻される。しかし、さらに、一八三二年、こんどはオーストリアに占領され、一八五九年までそれが継続する。そして、一八六〇年、同市はサルデーニャ王国に併合され、やっとイタリアの一部になる道を見いだすのである。

そのフェッラーラと周辺部がふたたび一定の発展を始めるのは一八七〇年代からであった。その頃になると、周辺地方では、低湿地帯の大規模な干拓事業が始まり、穀物生産と酪農経営が可能になった。その結果、同市にはこれまで以上の農作物が集荷され活況を呈するが、他都市には波及した工業化からは遅れることになった。同市が工業化を経験するのは二〇世紀の第二次世界大戦後で、化学や機械工場と果物や野菜の缶詰製造工場の進出によっている。

〔105〕 エルコレ二世――これは祖父のエルコレ一世の誤りと思われる。
〔106〕 「……感じがする」――『フランス紀行』四一頁を参照。
〔107〕 アリオスト（Lodovico［Ludovico］Ariosto, 1474–1533）――イタリアの詩人。一五〇三年、フェッラー

ラでエステ家の枢機卿イッポリト（Ippolito）に、さらにイッポリトの弟フェッラーラ公アルフォンソ（Alfonso）一世に仕え、軍人、役人を経験しながら詩作にはげんだ。代表作には、騎士物語詩『狂えるオルランド *Orlando furioso*』（一五一六年）がある。

〔108〕ボローニャ（Bologna）――古代ローマ名ボノニア（Bononia）。イタリア北部、アペニン山脈の北麓、標高五五メートルにあるレノ川河畔の都市。フェッラーラから四七キロメートルの地点。エトルリア人の建設した集落から発展し、前四世紀にガリア人に侵略され、前三世紀末にローマ帝国に編入され、その時代に都市へ発展した。帝国滅亡後は目まぐるしく支配者を変えたが、一二世紀に自治都市になり、ロンバルディア都市同盟の盟主のひとつと目されたし、設置した大学の発展により一時はヨーロッパ文化の中心地のひとつとなった。それを契機にボローニャは人口の増加、都市の拡大、施設の新設、経済活動の活発化をみた。しかし、政治の安定性を欠き、登場したシニョーレのヴィスコンティ（Visconti）家、ペポリ（Pepoli）家、ベンティヴォリョ（Bentivoglio）家などがつぎつぎに敗退し、長期的な都市貴族の支配がなく、一五〇六年、教皇ユリウス二世に征服され、一七九六年、ナポレオン軍に占領されるまで二九〇年間も教皇領であった。その間、ボローニャは北イタリアのトリノ、ミラノ、ヴェネツィアなどにとり残され、教皇庁の支配下で経済的、社会的に停滞し、絵画の分野で出たボローニャ派を別にすれば見るべき動きはなかった。ヤングが訪問した時代、市内はほぼレンガ造りで、歩廊をめぐらした通りにロマネスクやゴシックの教会と美しい公共建築物が並び、北イタリアでもっとも美しい都市のひとつと言われてフェッラーラの倍以上の規模であったが、沈滞気味であった。ナポレオン軍に占領されてから、一八六一年、イタリア王国の成立までは、一八三一年に独自の革命を行なって自由主義化を試行した事件以外は、フェッラーラとほとんど同じ経過をたどる。

〔109〕『農業家によるイングランド東部の紀行』――『フランス紀行』訳書あとがき、三八六頁を参照。

〔110〕最近死亡した国王——これはフリードリヒ二世（大王）のこと。
〔111〕『コルシカのテオドーロ王』——これは『ヴェネツィアのテオドーロ王 *Il Re Teodoro di Venezia*』の誤りと思われる。
〔112〕グイード（Guido Reni, 1575–1642）——イタリアの画家、版画家。ボローニャ生まれで、最初はフランドルの画家カルファールト、次いでカッラッチに学び、一六〇〇年頃ローマへ出て活動。その後はローマとボローニャを往復しながら制作するが、一六二七年のローマ滞在を最後にボローニャに定住。作品は宗教画、歴史画を主とし、古典主義の画家らしく、調和と哀愁を特色とする画風で多数の油彩画を描いた。カッラッチ亡き後のボローニャ派の指導的存在であった。
〔113〕グエルチーノ（Guercino da Cento, 1591–1666）——イタリアの画家。フェッラーラ近郊のチェント生まれで、カッラッチに学び、カラヴァッジョ、ティツィアーノの影響を受ける。一六二一年からはローマで活動。フレスコ画で『オーロラ』が代表作。明暗の対比、豊な色彩表現などを特色とする画風であった。一六四二年、レーニの没後ボローニャへ移って同派の指導的地位についたが、レーニの模倣に陥る。グエルチーノは斜視の意味である。
〔114〕アルバーノ——ボローニャ派の画家で、祭壇画を多く描いたフランチェスコ・アルバーニ（Francesco Albani, 1578–1660）の誤りと思われる。
〔115〕ラッファエッロ（Raffaello Santi［Sanzio］, 1483–1520）——イタリアの画家、建築家。ウルビーノ出身で、ルネサンスの古典様式の完成者と評価されている。八歳のとき、画家の父から手ほどきを受け、次いでペルジーノの工房へ入って画家の才能を開花させた。初期の作品にはペルジーノの影響が強いとされる『聖母の結婚』がある。一五〇四年、フィレンツェへ移り、ミケランジェロ、とくにレオナルド・ダ・ヴィンチの作品から多くを学び、静謐、調和といった古典主義の様式を完成させ、『聖母の埋葬』、『アニョロ・

ドニの肖像』、『マッダレーナ・ドニの肖像』、『ひわの聖母』、『大公の聖母』などの傑作を生み出した。一五〇八年、彼は教皇ユリウス二世に招かれてローマへ移り、その後レオ一〇世の時代までヴァティカン宮殿の多くの広間の装飾活動に従事し、彼が構成と下絵を示し、弟子たちが制作すると言う役割分担で運営された。一五一四年、ブラマンテが死去した後、彼はサン・ピエトロ大聖堂建築の総指揮を、一五一五年にはレオ一〇世により古代遺物監督を、任されて多忙をきわめた。しかし、彼はその間も求めに応じ、個人のためにも制作を続け、得意とする数々の聖母子像のほかに、『ユリウス二世の肖像』、『レオ一〇世と二人の枢機卿』などの秀作を生んだ。こうして彼の活躍は広く知られ、古典様式をめぐる影響力は絶大であったが、多忙のなかで消耗し、三七歳の若さで倒れたのであった。

〔116〕「……はずである」——これはリュクルゴスの主張した〈贅沢禁止〉に背いていない、という意味である。

〔117〕サント・ドミンゴ島——『フランス紀行』の訳註〈一七八九年〉〔116〕、三七八頁を参照。

〔118〕キンセール（Kinsale）——これはアイルランド島のコーク（Cork）近くの小港。

〔119〕フィレンツェ（Firenze）——古代ローマ名フロレンティア（Florentia）。イタリア中部、アルノ川中流域の平野、標高四九メートルにある都市。エトルリア人の建設した集落から発展し、ローマ帝国時代に都市へ成長した。四世紀にはキリスト教の司教座が置かれ、主要都市のひとつを形成した。古代末期から中世初期に帝国の滅亡や戦火により、経済は停滞し、人口は減少し、多くの都市と農村が荒廃したが、フィレンツェは比較的被害が軽く、古代都市のフォルム、神殿、劇場等都市の公共施設は消滅したが、その跡地は利用され、集落として存続し、ランゴバルト、フランク両時代においても地方行政都市として一定の役割をはたした。

フィレンツェが自治権を獲得して、コムーネ（Comune：自治共同体）に成長するのは一二世紀前半期であった。その頃になると、フィレンツェにもコンソレ（Console）の合議による執政官制度が導入され、やがて一三世紀にはひとりのポデスタ（Podesta）による制度へと移行していく。こうしてフィレンツェは他都市と同様コンソレからポデスタへと執政官の内実を変えるが、その過程で都市の法的支配地域（コンタード Contado）を拡大し、周辺の自治集落も支配下に置き、都市国家を形成したのだった。

その間、都市内部にはその支配権力をめぐって、貴族に教皇派と皇帝派の対立が生じ、都市政治が混乱した。フィレンツェでも、あるときは教皇派貴族が亡命し、あるときは皇帝派貴族が追い出されることになった。しかし、結局、一二五〇年のフリードリヒ二世の死を契機に、フィレンツェは教皇派の中心都市のひとつになる。フィレンツェ商人は教皇の税収を担保に融資し、さらに税の徴収や商業特権にも関与して莫大な利益を上げた。その結果、ここに金融業が成立することになったが、莫大な利益は各種工業をおこし、取引商品を拡大させ、商業の拡大をよんだ。かくて、一三二〇年代になると、フランドルの毛織物工業の危機を契機に、フィレンツェはフランドル品を模倣した毛織物を生産しはじめた。さらに、一四世紀後半になると、地中海世界の高級毛織物市場では、フィレンツェ製品の独占が生じ、金融業と毛織物工業を中心とした一大商業都市が形成された。

こうした経済発展は当然社会に構造変化をもたらし、都市貴族の勢力に対抗して、新たに商人や職人層の台頭を促した。彼らは一二の組合を結成し、そのなかから代表を選出して構成するプリオーリ（Priori）制（平民の権力機関）を創出し、一二八二年以後コムーネの実権を握るに至った。くわえて、さらに九つの組合を結成し、合計二一組合となり、十分な実力をつけた。

このプリオーリは一三四三年、四市区八人制になった。各市区からは順番で選出されるひとりの「正義の旗手」がプリオーリの議長になっている。この組織はやがてシニョリーアと呼ばれることになった。しかし、このシニョリーアは平民の最高機関というほどの意味であって、フェッラーラの訳註〔104〕で指摘した他都市のシニョリーア、つまり執政府とは同名異義であることに注目したい。

ところで、フィレンツェは一四世紀前後には人口八万ないし一〇万人以上とみなされていたが、一三四八～四九年の黒死病の流行以後大減少した。ちょうどその頃、フィレンツェは深刻な経済危機に見舞われていた。原因には、巨額融資のこげつき、商業活動の停滞、対外戦争における戦費の負担などが考えられるが、この危機の打開のため、フィレンツェのシニョリーアは政治的に手を打った。ところがこれが失敗し、かえって混乱を招き、有力商人の破産さえもたらした。その代わり、新しい社会階層が台頭し、市政の支配権をめぐって大きな変動が生じたのだった。

それは決定的には一三七八年で、初めて政治的に無権利であった下層の労働者が政治に参加するという注目すべき事態となって現われた。その年七月、税制をめぐって中下層の市民が蜂起し、中層市民を中核とするシニョリーアを誕生させた際、労働者層も自分たちの組合を新設して、初めてシニョリーアへ参加したのがこれである。しかし、これに危機を感じた中層市民の代表たちは武力で自分たちを支持した労働者層を切り棄てることになる。この一連の動向をチョンピ（梳毛工などの賃金労働者）の乱（tumulto dei Ciompi）と言う。この中層市民のシニョリーアは、やがて一三八二年、上層市民の既成勢力と新興勢力の連合勢力に打倒されるときがくる。この上層の二大市民勢力は時とともに同化する。そのなかから自然発生的に政治党派ができ、権力闘争のすえに一四三四年、勝ち残ったのがメディチ家（派）であった。当主コジモは一四三五年、最高執政官に選出され、市政の実験を握る。さらに孫のロレンツォの時代には、権力の絶頂期を迎え、事実上の僭主として振る舞った。一四九二年、息子ピエロ二世が当主になるが、イタリアへ侵攻したフランスのシャルル八世に屈服すると、一四九四年市民の反メディチ感情が爆発し、亡命を余儀なくされた。その後、一六世紀に入ると、メディチ家の支配者は人気を失い、復帰と亡命を繰り返し、不安定な立場に置かれる。そうした状況を一新して、一五三七年、こんどはメディチ家の弟系のコジモ一世を後継者とするフィレンツェ共和国が建設された。彼は自ら〈フィレンツェ公〉と称し、事実上の君主制を創出したが、一五五五年にシエーナ共和国を征服し、皇帝からそれを授封すると〈フィレンツェとシエーナ公〉を自称した。さらに一五六九年、こんどは教皇から〈トスカーナ大公〉の称号を授与されると、それを使用することになった。こうしてフィレンツェ共和国は彼一代のもとでトスカーナ大公国へと変貌を遂げたのであった。

その間、一五三〇年代からの政治的安定期に入ると、フィレンツェは人口約五万から六万人になり、経済も回復した。毛織物の生産量は一五二七年の一万九〇〇〇反から一五七二年の三万反へ増加した。商人はリヨン、バリャドリードなど外国の市場へ進出して活躍した。銀行も実力をつけ、ひとつの銀行だけで、外国国債を引き受けるトスカーナ大公に全額の五六万五〇〇〇ドゥカートを融資できる能力をそなえていた。好景気は市民を活気づけ、商人や織元から土地貴族へ移行する動きも生じたし、芸術や学問への関心も生じ、ルネサンス文化としての成果さえも生んだのであった。

もとより、文化的発展の基礎は一三世紀末からの都市施設の建設に始まり、新市壁、街路、広場から政庁舎、大聖堂、サンタ・マリア・ノヴェッラ教会……さらには個人の宮殿に及んだ。かくて、一六世紀までに芸術と学問の成果は多様な分野において充実したのであった。それは建築でブルネレスキ、彫刻でドナテロ、絵画でマサッチョ、ボッティチェッリ、政治学でマキアヴェッリ、古典学でフィチーノらを輩出した。

しかし、フィレンツェは一七世紀へ入る頃にはあらゆる面で転換期に入っていた。従来の毛織物の生産量は一七世紀初頭の一万三〇〇〇反、さらに一六三〇年代には年平均六二〇〇反へと減少したし、商人の活躍は限定的になり、地主化した貴族は守旧化した。代わって絹織物生産は増加し、中・東欧市場へ輸出できるまでになったものの、農村部ではブドウ栽培が進み、ブドウ酒の産地として評価が確立した。かくて、国際金融と多国籍企業で勢いのあったフィレンツェ経済は限定的で、新しい農村経済を背景にした小国家の地域経済へとゆっくり移行したし、それに照応した政治が登場することになる。それは第五代大公フェルディナント二世（在位一六二一〜七〇年）の時代には明瞭になる。大公国の官僚群は人的交流を失ってしだいに固定化する。しかも、第七代大公ジャン・ガストーネに至ると、後継者を残さず死亡して、メディチ家の家系を断絶させる。かくて、フィレンツェが中心になって構築したトスカーナ大公国は神聖ローマ皇帝カール六世の娘マリア・テレジアの夫、フランツ・シュテファン（フランチェスコ・ステファーノ）に与えられた。それは独立を保持するものの、ハプスブルク家の影響下に入ることを意味した。彼はウィーンにとどまり、フィレンツェに設置した摂政会議を介して統治したが、彼が没すると、息子のピエトロ・レオポルト（後のヨーゼフ二世の弟）が一八歳で大公に就任した。彼はフィレンツェに住み、自ら統治に乗り出す。彼は幸福の実現こそ君主の使命と考える啓蒙専制君主であった。したがって、彼は開明的で、同業組合の規制、農村共同体の複雑な規制の解体、自治組織の育成、自由主義経済への移行、死刑と拷問の廃止などの改革を手がけた。

ヤングがフィレンツェを訪問したのはちょうどこのときであった。当時のフィレンツェは自由主義的な雰囲気につつまれてはいたが、なお独善的、高圧的な制度や政策が支配していた。その実態が彼の筆を介して明らかにされているのである。そこでは、新たな学問への関心も失われていないが、芸術も学問ももはや独自の輝きはなかったことが示されている。

一七九〇年、ヤングがフィレンツェを去った直後、レオポルトは兄の死を受けて皇帝に即位する。その結果、フィレンツェは主を失い、改革の一部はとり消される。その後のフィレンツェには灯の消えたようなさびしさが訪れ、主体的な輝きを失う。一八〇一年、フィレンツェはナポレオン軍に占領され、エトルリア王国へ編入されるが、その後運命の変転を繰り返し、最終的に一八六一年、イタリア王国へ編入され安定する。そのフィレンツェが一時的に輝きを示すのは一八六五〜七一年にイタリア王国の首都になったときである。そのときには、政府要員のピエモンテ人が一挙三万人も移住してきて、賑わいをとり戻したが、それも束の間、ローマへ遷都されると、ふたたび地方都市へ転落した。二〇世紀、二一世紀には、過去の文化遺産を切り札にした観光業で生きる都市として地歩を確保している。

〔120〕メッゴ氏——仏語訳ではミッゴ（Miggot）氏になっている。

〔121〕カゾ侯——『フランス紀行』の訳註〈一七八九年〉〔161〕、三八四頁を参照。

〔122〕ラストリ氏（Marco Lastri, 1731–1811）——多様なテーマを扱った著述家。公職の経歴は聖堂参事会会長程度。著作は教訓詩、悲劇、翻訳、さらに本文で指摘された『農業学講義』五巻からフィレンツェ文化研究まで多数。

〔123〕『欺かれた陰謀 *Le Trame deluse*』——初演は一七八六年、ナポリ。

〔124〕レディー・クレイヴン——『フランス紀行』の訳註〈一七八九年〉〔118〕、三七八頁を参照。

〔125〕ハーヴィー卿（Lord Hervey, Frederick Augustus, 1730–1803）——イギリスの外交官。ケンブリッジ大学出身で法曹界を目指すが、聖職に就く。一七六三年には国王礼拝堂つきの牧師になる。その後、大陸旅行をしてイタリアとその美術に心酔。一七六六年のヴェスヴィオス山大爆発の折にはナポリに居合わせて登山し、降石により火傷するという逸話がある。それ以後、火山現象を研究。この分野での関心から、イタリアの前出訳註〔68〕の自然科学者フォルティス神父と友情を結び、一緒にダルマティア旅行をした。兄がアイルランド副王になった時代、一七六七年、アイルランドのクロイン（Cloyne）の司教に、さらに一七六八年、デリー（Derry）の司教に任命された。クロインの司教時代、沼地と港を自分の資産にして物議をかもしたが、デリーでは公的な目的に聖職禄を使って注目を浴びた。ロンドンデリー市と農村部に橋、建物の建設と農業の導入を推進して、多大の貢献をした。一七七七〜七九年、彼は主にイタリアに居住。

兄の死で帰国するものの、兄のため資産を失う。帰国を機に、アイルランドの議会改革のため努力したが、失敗するとアイルランド政治への関心を失う。一七九八年、彼はイタリアでトラブルからフランス政府に逮捕され、骨董品も押収される。評価額は一万リーヴル。彼が一八〇三年に死去したため、骨董品のコレクションは散逸する。なお、訳註〔69〕のブリストル卿とは同一人物である。

〔126〕カッラッチ（Annibale Carraci, 1560–1609）――イタリアの画家。ボローニャ出身でコッレッジョ、ヴェロネーゼ、ティントレットに学び、兄アゴスティーノ（Agostino）らとともにボローニャ派の旗手としてローマのファルネーゼ宮に壁画を描く。従兄弟とともに、一五八二年、絵画学校を生地に創設し、後進の指導に当る。代表作には『ヴィーナスの化粧』など。

〔127〕コッレッジョ（Antonio Allegi Il Corregio, 1494–1534）――イタリアの画家。コッレッジョ出身でレオナルド、ラッファエッロ、マンテーニャに学び、ほとんどをパルマで製作した。画風には巧みな光の扱い、官能的な効果を生む表現力が示され、代表作には宗教的主題が多く、『聖母被昇天』（一五二五年頃）や『羊飼いの礼拝』（一五三〇年頃）がある。

〔128〕ドルチ（Carlo Dolci〔Dolce〕, 1616–86）――イタリアの画家。フィレンツェ出身で、宗教的主題が多く、甘美で感傷的な表現を特色とする。代表作には『赤子をだいた聖母』や『守護神』がある。

〔129〕ファッブローニ氏（Giovanni Valentino Mattia Fabbroni, 1752–1822）――イタリアの自由主義的な政治家。問題関心の広い人で、ヤングが出会った時代はまだあまり要職に就いていなかったように思われる。その後トスカーナがナポレオン帝国へ併合されると、チサルピーナ共和国一四県の土木局長や他の部局長などの要職を歴任。ピサ大学名誉教授。

〔130〕フォンターナ騎士（Felice Fontana, 1730–1805）――イタリアの自然科学者。パドヴァ大学で勉強し、ボローニャへ移る。一七六三年、ピサ大学へ招請され、哲学理論を教える。やがてトスカーナ大公に招かれ、

フィレンツェへ来る。大公は自然史博物館の運営を彼に任せる。その結果、彼はそれを三〇年間管理することになる。その間、彼は解剖遺体博物館を創設したほか、数々の実験を手がけ、ヤングが指摘するように、ユーディオメーター（水電量計）の実験で有名になる。

〔131〕エルコー卿夫妻（Lord and Lady Elcho）――当主はフランシス・ウィームズ（Francis Wemyss, 1723-1808）と言い、一七八七年、独身で死去したデイヴィド・ウィームズ（David Wemyss, 1721-87）からエルコー卿の称号を相続したばかりであった。

〔132〕クイン（James Quin, 1693-1766）――イギリスの役者。一世を風靡する人気を博した。芸風は伝統的とされるが広く、シェイクスピア劇の『ヘンリー四世』、『ウィンザーの陽気な女房達』に出てくる大ボラ吹きで気の小さいファストルフ（Fastolf）またはフォルスタフ（Falstaff）ははまり役と言われた。

〔133〕スコパス（Skopas）――前四世紀のギリシアの彫刻家、建築家。シクオンで働き、テゲア・アレア神殿の建築を指導し、ハリカルナッソスの霊廟の装飾に参加した。当代きっての人気彫刻家。

〔134〕磁器マニュファクチュア――これは一七三五年、カルロ・ロレンツォ・ジノリ（Carlo Lorenzo Ginori, 1702-57）により創設された磁器工場。その後、ジュリオ・リチャード（Julio Richard）が一八四〇年にミラノに設立したリチャード社（Societa Richard）と一八九六年に合併して、今日のリチャード゠ジノリ社になる。

〔135〕ピッティ宮（palazzo Pitti）――富裕な銀行家、ルカ・ピッティのため、ルカ・ファンチェッリが一四五八年に手がけたルネサンス様式の建物。しかし、ピッティ一族は破産してこの造営を中断することになった。それをほぼ一世紀後一五四〇年、メディチ家のコジモ一世が買い上げて完成させたといういわくつきの宮殿。その後、メディチ家の後継者ロレーヌ大公が一五六〇～一八五九年まで、イタリア王家が一八六五～一九一九年まで利用、今日イタリア政府の所有に帰している。

〔136〕　庭園（giardino di Boboli）――これはトリボーロによってコジモ一世のためピッティ宮左手裏の丘の斜面に設計されたイタリア式庭園ボーボリ。フィレッェ市中心部最大の公園。

〔137〕　ブラウン――『フランス紀行』の訳註〈一七八七年〉(158)、三五六頁を参照。

〔138〕　リッカルディ宮殿（palazzo Medici-Riccardi）――これは一四四四年、ミケロッツォが手がけた宮殿で、一五四〇年までメディチ家一族に利用された。一六五五年、メディチ家一族はここから完全に退去し、リッカルディ家に売却した。リッカルディ家は庭園をつぶして、宮殿をさらに拡張した。建築様式としてはかなりちぐはぐで、ブルネレスキの影響も中世の伝統も見てとれるという。

〔139〕　ジョルダーノ（Luca Giordano, 1632-1705）――イタリアの画家。ナポリ出身でナポリ派のひとり。ナポリ派の前代の画家から刺激を受けたが、ボローニャ、パルマ、ヴェネツィアを旅し、パドヴァ、フィレンツェに滞在し、多くの画家からも学んだ。一六九二〜一七〇二年にはカルロス二世のスペインの宮廷にも滞在し、帰国後はナポリで仕事をした。光あふれる明るい色彩と広がりのある構図を特色とし、〈ルカの早書き〉として有名でもあった。

〔140〕　ナルディーニ（Pietro Nardini, 1722-93）――イタリアのヴァイオリン奏者で作曲者。彼は一二歳でパドヴァの高名なヴァイオリン奏者、タルティーニ（Tartini）に入門、六年留まる。一七四〇年、生地リヴォルノに戻り、演奏家、教師として評判をとる。ウィーン、ドレスデンに旅し、一七六二〜六五年、シトゥットガルトの公爵の宮廷でヴァイオリンのソリストとオーケストラのリーダーを務め、その音楽的素質で評価される。一七六三年、モーツアルトもナルディーニの演奏を聞きほめている。リヴォルノに戻るが、タルティーニが重態の報に接すると、一七六九年にパドヴァに急ぎ、彼を手厚く看護し、最期を看取る。一七七〇年、彼はトスカーナ大公の宮廷楽長の地位を受諾。死ぬまでフィレンツェに留まり、活発に活動をする。弟子にはモーツアルトの友人であった若きトーマス・リンリ（Thomas Linley）がいる。

〔141〕 サンタ・トリニータ橋（ponte Santa Trinita）——これは伝統的なフィレンツェの版画にあるが、一五七〇年、バルトロメオ・アマッンナッティにより古い橋の代わりに架けられた新しい橋。一六〇八年、四季を表現する四立像が両の端に加えられ、彩りを加えた。

〔142〕 人をすっぽり毛布のように覆いかくす旅籠——このような表現はセルバンテスの小説『ドン・キホーテ』（筑摩世界文学大系一五『セルバンテス、ドン・キホーテ前篇・後篇』会田由訳、筑摩書房、一九七二年）のなかには見当たらない。ヤングの思い違いと思われる。しいて挙げるなら、前篇のある事件がこの表現に近いと思われる。それは、とある宿屋をドン・キホーテ一行が出立する際、泊り合わせた町の職人たちがサンチョを対象に起したのであった。職人たちは常軌を逸したドン・キホーテに従うサンチョをからかうため、彼を中庭で毛布の中へ入れ、胴上げをしたのであった。それはサンチョの毛布《けっと》上《あ》げ事件として小説のなかで繰り返し言及される。アーサー・ヤングはこの一件をうろ覚えでいたために、このような表現になったのではないかと推測される。ヤングの原文では毛布を cloak としている。cloak は袖なしの外套やマントのことで毛布と訳せないこともない。しかし、何よりもセルバンテスの原文（Cervantes, *Don Quijote de la Mancha*, Tomo I primera parte, edición critica y comentario de Vicente Gaos, Madrid, 1987, pp. 335–336）は manta 毛布と表現している。ここではヤングが毛布上げ事件をうろ覚えで表現したものとみなし、マントではなく毛布と訳出しておいた。

〔143〕 火山——これは正確にはラルデレッロの硼砂《ほうさ》性噴気（Soffioni Boraciferi di Larderello）と言い、フィレンツェとルッカのあいだにあるメタッリフェーレ丘陵（colline Metallifere）に自噴する温泉である。

〔144〕 実験室——『フランス紀行』一〇六～〇七頁のラヴォワジエ氏の実験室や、二四四～四五頁のド・モルヴォ氏のそれを参照。

〔145〕 ウォトソン（Peter William Watson, 1761–1830）——イギリスの植物学者、つぎにあげるミルナーのもと

で文法学校で教育を受け、その後の学歴はない。さまざまな分野に関心を抱き、化学研究もする。ハル（Hull）植物園の設立に尽力した。

〔146〕ミルナー（Joseph Milner, 1744-97）——イギリスのプロテスタント聖職者、神学者。政治家でもある。文法学校しか出ていないが努力家として知られ、主著に『キリスト教会史』三巻がある。

〔147〕プリーストリ——『フランス紀行』の訳註〈一七八七年〉〔136〕、三五五頁を参照。

〔148〕『無辜児の虐殺』——その昔ヘロデ王がベツレヘムで行なった幼児大虐殺を描いたグイード・レーニの傑作。訳註〔112〕のグイードも参照のこと。

〔149〕ヤングの指摘は経済史、社会史からみて重要と思われる。南欧系のスペイン、イタリア、フランスなどの国々では、都市と建物など（不動産）に積極的に投資したが、北方系のイギリス、オランダなどの国々では、流動資本（動産）に投資した点に注目すべきであろう。

〔150〕大厄年——厄年（climacteric）とは人の健康、運命に大変革の生じる年で、七年目ごと（七、一四、二一など）とも、ある者に言わせると七年の奇数の倍数（七、二一、三五など）のみともされるが、大厄年（the grand climacteric）とは人生の六三年目（六三＝七×九）と考えられる。ある者によると、さらに八一年目（八一＝九×九）も大厄年と考えられている。

〔151〕大劇場——ファルネーゼ劇場のことで、ヨーロッパでもっとも広大で重要な劇場のひとつであった。アレオッティ（Aleotti）がパッラーディオのオリンピコ劇場から着想を得て、一六一八年に建設した。総木造作りで動く舞台をそなえている。「世界一大きい」というヤングの指摘は正しい、と言えよう。

〔152〕公立印刷所——G・B・ボドーニ（Bodoni）はパルマの印刷業者でパルマ公から手当を得て、公立印刷所を一七六八～一八一三年までピロッタ宮の中で経営。約八万個の母型などを揃えていた。

〔153〕パリのディド——これは印刷活字書体を発明したフランス人、フランソワ・ディド（François Ambroise

Didot, 1730–1804）のこと。

〔154〕『コリント人への手紙』——第二の第六章八行目〈Ut Seductores et veraces〉「また、ほめられたり、そしられたり」。

〔155〕アレッサンドロ・ファルネーゼ（Alessandro Farnese, 1545–92）——イタリアの軍人、枢機卿。パルマ公の子として生まれたが、スペインで養育された。スペイン国王フェリペ二世（叔父）の命で反乱下のネーデルラントへ行き、一五七八〜九八年まで執政を務めた。その間、彼は南北の利害の違いに着目し、カトリックの維持とフェリペ二世の権勢の堅持を前提条件に南部諸州の特権と自由を尊重すると約し、時間を要したが、南部一〇州を帰順させた。この貢献は大きい。一五八六年、父の死後パルマ公になる。なお、騎馬像のあったピアチェンツァはパルマ公国内の都市である。

〔156〕ラヌンチオ・ファルネーゼ（Ranuntio Farnese, 1569–1622）——アレッサンドロの子で後継者。専制主義的な傾向が強く、一六一二年、貴族の有力者たちを捕え処刑させたため、多数の敵をつくった。自分の私生児オクタヴィオを投獄、殺させるなど残忍であったが、教養と芸術の才能があった。

〔157〕シロッコ（scirocco）——これは地中海沿岸に吹く高温の南または南東の風の呼び名。とくにシチリア島と南部イタリアにおける乾燥した熱風が有名。気象学的には地中海を低気圧が東進する際、アフリカのサハラ砂漠から吹き上げられた高温で乾燥した空気が海を渡って北上し、その途中で湿気を含み、北部イタリアほど湿気の多い熱風になって吹き込むのである。北上するにつれ、霧や雨をともなうことが多い。

〔158〕ニコライ——原文は Nicolay で英語ではニコレイと読めるが原文にあるように、フランス人なら Nicole のことなので、ニコルと表記すべきであろう。しかし、『イタリア紀行』のフランス語訳では Nicolaï となっており、ニコライと読めるので、ニコライと表記した。『フランス紀行』の訳註〈一七八九年〉〔146〕、三八〇頁を参照。

〔159〕インテンペリア――『フランス紀行』の訳註〈一七八九年〉(127)、三七九頁を参照。

〔160〕『オリンピアーデ』――これはヤングの誤りと思われる。作曲家フレデリーチにはこのようなオペラはない。原文の「新しく作曲された」という文言を尊重し『オリンピアーデ』を事実とするなら、チマローザの一七八四年初演の『オリンピアーデ』ということもありうる。

訳者あとがき

原著者、イギリスのアーサー・ヤングについて、その人となり、経歴、それに業績については不十分ではあるが、本書の上巻とも言うべき『フランス紀行』の「訳者あとがき」で述べておいた。必要とされる読者はそれを参照していただきたい。以下では重複をできるだけ避け、『フランス紀行』との関連のなかで、『スペイン紀行』、『イタリア紀行』について解説を試みたい。

アーサー・ヤング（Arthur Young, 1741–1820）〔以下、文脈によって「彼」とする〕がヨーロッパの大陸旅行を行なったのは一七八七年から一七九一年まで足かけ四年である。動機は農業調査。きっかけは一七八五年以来の友人であったポーランド系フランス人マクシミリアン・ラゾウスキ（Maximilien Lazowski, 1748–92）からラ・ロシュフコー＝リアンクール（La Rochefoucauld-Liancourt）

家の家族と一緒にピレネー山脈まで旅をしないかと誘われたことにある。彼は一七七六年、アイルランドに渡り、農業調査をして十分経験を積んでいた。かくて、彼はチャンス到来とばかりフランス旅行を始めることになった。

ヤングが旅行を始めたときは、たとえ人から誘われたという他律的な行動によったとしても、よく検討してみると、彼自身の個人的状況といい、置かれた歴史的状況といい、十分熟していたと言えよう。前者からみると、彼は旅を始めたとき、年齢四七歳、気力体力ともに充実した時代で健康であった。しかも約二〇年前からイングランド、ウェールズ両地方の諸州を農業視察と調査のため旅行し、旅のノウハウを身につけていた。また、持前の好奇心も旺盛で、両親から受け継いだ知識欲、文学、芸術に対する関心を発揮し、博物館、図書室、美術館から歴史的記念物、最新の工場まで訪問して実情を伝える能力をそなえていたし、文章としても余韻があった。それは英文学史のうえでは一九世紀のロマン主義文学の文体を先取りしたような感性を示していると指摘されたことがある。

他方、後者からみると、はなはだ都合のよい時代にめぐり合わせたとも言える。時あたかも工業化の時代を迎え、先進国イギリスは工業化を大規模に推進し、新しい技術、新しい機械を導入し変貌を遂げていた。農業もこの工業の変革に対応して新しい農業のあり方を求め、いわゆる農業革命を実行しなければならなかった。それは人口増加による食糧品の需要増に対応するための食糧増産などを目標にしていた。ヤングはこの目標を達成するため、大農場制下のノーファク農法を実施するよう提唱したのであった。

ところで、大陸諸国ではどうかというと、フランスをはじめスペイン、イタリアはまだ前工業化時代にあり、農業もまだ北フランスやロンバルディア平野を別にすれば、旧態依然とした状態にあり、封建遺制の支配的な状況にあった。したがって、社会関係においても、イギリスでは身分制の支配が弛緩し、市民的個人の生活が保障され、自由な社会が出現しつつあったが、大陸諸国ではまだ身分制は一定の価値観を持ち、多くの人々の心を律していた。そのため、イギリスこそ市民革命と議会主義を実現していたが、大陸諸国では政治は立ち遅れ、絶対王政の支配的なフランス、スペイン、サルデーニャ、啓蒙専制主義のミラノ、トスカーナなどが厳然と存在していた。しかも、一七八九年に至って、その一角フランス絶対王政が崩壊しはじめ、市民革命へ突入したのだった。言わば、彼はこうした一八世紀の激動的な時代に立ち会い、そのときの本人にはまだ十分な意識はなかったが、フランス革命という重要な事件の初期に列席したのだった。

ヤングの語学力について自伝や旅行記に詳細な記述は見当たらず、分からないことが多いが、一応フランス語とイタリア語については読解力だけでなく、誰とでも話せる会話力をそなえていた。それは『イタリア紀行』の随所で交わされる現地の人々との対話とイタリア語の引用文によって示される。しかし、スペイン語とカタルーニャ語については使用できなかったらしく、現地の人々との対話はまったくない。ラ・ロシュフコー＝リアンクール家の主人にフランス側のバニェール＝ド＝リュションからスペイン側のビエリャに手紙を書いてもらって、フランス語の話せるガイドの手配をしてもらっている。

ヤングの視点については、『フランス紀行』の訳者あとがきと重複するが、若干付言しておきたい。彼は農学者であり、すでに指摘したように大陸諸国の農業調査を動機に旅行を始めた。したがって、彼には諸国の農業経済の実態を探るという断固たる視点が設定されていた。すでに彼は資本主義的で完全に地主制的な経営の農業を経験済みで、十分な知識を蓄積していた。その彼からフランスを、さらに遅れて領主制を克服できないスペイン、イタリアを見ることは、これらの諸国が後進的で、繁栄からとり残され、時には未開にすら見えるのであった。しかも後進的な制度や経営は国により、所により大きな差異があり、それを一概に見ることはできないことにも気づくのであった。

ヤングには、カタルーニャ地方の山間部を南下しながら、そこに見たものは貧困と後進性であったにもかかわらず、バルセロナとその近郊の都市に展開した工業化の成果を前にしては、さぞかし驚きであったと思われる。また、同一地における時代的差異について、彼はイタリアで気づくことになろう。それはフィレンツェに明瞭に現われたことだが、人の心を打つのは主要な建物の古さにあり、それに感心するのだが、反面新しい建物がほとんどないことに気づく。つまり、フィレンツェは過去の繁栄によって存続しているのであり、その後の時代（現代）が何も付加（建設）していないのである。経済における農村と都市の繁栄をめぐるコントラストもあれば、同一都市における建物の建築をめぐる新旧の繁栄のコントラストも見られるということである。彼はこうした点もしっかり捉えながら見通していく。

しかし、ヤングはこれだけにとどまらず、いまひとつ非常に現実的な視点をいだいていた。それはいかにもイギリス人らしいと言えるが、実践的、功利的なそれである。彼が農場、試験場、博物館、図書館などを訪問するとき、それが表面化する。彼は形式的な型どおりの説明を受け入れない。植物、作物の栽培、機械、道具の展示、書籍の所蔵がいかに人の役に立つのか、いかに効果を上げるのかを重視する。このような諸点に配慮のなかった農場などは、トスカーナ大公の博物館のように痛烈な批判を浴びることになる。

一七八七年五月一五日、ヤングは一回目の大陸旅行のため北フランスのカレーに上陸、旅行を開始した。彼はパリへ到着し、ラ・ロシュフコー＝リアンクール家の食客になる。さらに、一家と一緒にピレネー山脈中のバニェール＝ド＝リュション目指して旅行する。七月一〇日、彼は同地を馬に乗って出立、いよいよスペイン旅行を開始する。同行者は友人ラゾウスキ、その従僕、それにフランス語の話せるガイドも一緒であったと思われるが、示唆されるだけである。一行は山越えをしてスペイン側のアラン渓谷へ下ると、その谷筋を上流へ詰めていく。渓谷には三二カ村が散在しているが、どれも惨めな様子をしている。

やがて、一行は山稜にとりつき、頂を踏み、山岳地帯を南下する。岩山や荒地を越え、放牧場や耕地にたどり着く。橋や集落が現われるが、宿泊施設が不十分なため、旅籠ばかりか時には司祭の館や一般住宅に宿泊する。ヤングはこうした山岳地帯の旅に陰気で粗野な印象をいだく。しかし、しだいに地形は緩やかになり、ブドウなどの果樹が現われる。王立製塩所の近くを通ってラ・ポブラ・ダ・

サグーに至ると、ここからは山地はさらに開け、時には灌漑地や耕地も現われる。七月一五日、彼は他の旅行記で知って期待していたモンセラット山にたどり着き、中腹の有名な修道院に宿泊する。生憎天候が悪く眺望が利かない。ラゾウスキがフランスに戻るときが迫っていたため、翌一六日、急いで出立、その日のうちにバルセロナへ到着する。強行軍でありながら、途中で、一行は古代カルタゴの将軍バルカス（ハンニバルの父）にちなむ凱旋門を見物している。彼とラゾウスキはバルセロナで別れ、彼ひとりが旅を続けることになる。彼はバルセロナで貿易と工業に、施設的には埠頭に注目する。七月一八日、彼はバルセロナを出立、海岸沿いの工業化が進行する小都市群を見て北上、一九日には東部の中心都市ジローナを目指す。

しかし、ここからは日程がはっきり記されない。フランスには七月二一日、ラ・ジュンケーラ（ホンキエラ）から入国する。スペイン旅行は日数にすると一二日間、カタルーニャ地方だけであり、『スペイン紀行』と称するには不十分であるが、彼がカタルーニャとせずスペインと称しているので、それを踏襲する。

こうしてヤングはフランス旅行の途中でカタルーニャ地方へ入り、バルセロナで反転してフランスへ戻り、ラングドック地方を旅することになる。この旅行の特色は、①駆け足旅行、②山岳地帯と東部について予備知識に不足、③現地の人々とのインタヴューの欠如、④農業協会のような組織がないらしく農業情報に不足、⑤美術館、博物館の見学が皆無などを、指摘できるであろう。かくて、このようなスペイン旅行は彼にとって後進的で文化遺産に恵まれない地方の旅と言えるであろう。

一七八九年六月五日、ヤングは三回目の旅行のため、カレーへ渡る。以来、彼はシャンパーニュ、ロレーヌ、アルザス、フランシュ゠コンテ……と東部から始め、ブルゴーニュ、オーヴェルニュ、ヴィヴァレ……といった中央部を廻り、プロヴァンスからイタリアへ入国する。当時の国境は現在と異なり、ニースの手前にあるヴァール（Var）川で、ニースはニッツァ（Nizza）というサルデーニャ王国の一部であったが、本書では『イタリア紀行』としてニースを出立するところから訳出する。九月二一日、彼は乗合馬車で出立。沿海アルプス山脈の峠をいくつか越える。古代以来有名な難所で、知られざる景勝の地でもある。北イタリア側に出ると、一路王国の首都トリノへ。九月二五日、トリノへ到着、農業協会の関係者に紹介状を出して、農業の情報を得、人に紹介されるようになる。フランス旅行と同じ手順で、本来期待した段取りである。今後、ヤングはこの流れに乗って農業調査を行なう。

他方、ヤングは名所旧跡や美術館などの見学も始める。数日の小都市滞在の後、一〇月四日、ミラノへ。ここで、愛国（農業）協会の事務局長アモレッティ師へ紹介される。師は今後、彼の旅行において計り知れない便宜をはかってくれることになるし、何度も旅に同道してくれる。そのおかげで、彼はミラノから近隣の都市や農村へ調査に行くことができたのだった。それは日帰りのことも一泊どまりのこともある。一〇月一五日、ミラノを最終的に出発してヴェネツィアへ。彼はベルガモ、ブレーシャを通って二一日ヴェローナ到着。円形建物などを見物する。二四日、彼はヴィチェンツァに到着、建築家パッラーディオの作品、円形建物、オリンピコ劇場、ポルト゠バルバラ邸などを見物。二七日、彼は出立、三〇日、これまでの乗合馬車から川船に乗り換える。明らかに水郷地帯へ入ったのである。ヴェネツィア滞在のあいだ、農業調査はお預けである。さながら、当時の大陸旅行（ヨーロッパ諸国に遊び、文化、習俗を知り、教育の仕上げとした旅、グランド・ツアー）に出たイギリス貴族の青年たちや現代の観光客と同じように、彼もガイドブック片手にやれサン・マルコ広場だ、ドゥカーレ宮殿だ、××教会だと見物し、絵画とオペラを鑑賞する。

一一月七日、ヤングは川船でヴェネツィアを後にする。一一日、彼はボローニャでも紹介状で得た知人の世話で農業についての情報を得る。一五日、彼は乗合馬車で出立、一七日、フィレンツェに到着。いよいよ充実した生活が始まる。彼は運よく農芸学（業協）会の関係者、さらに知識人たちと知り合いになる。折よく、ミラノからアモレッティ師が到着、仲間に加わった。彼は農業について十分考察をかさねるが、経営の実態についてかならずしも満足はしなかった。それというのも、フィレンツェなどで評価されている土地制度はフランスの南半分からイタリアまで支配的なあの分益小作制にすぎなかったからである。それは地主から種子、農耕用具、役畜を貸与され、耕作するが、その代わり収穫物を地主と折半するのである。農民の取り分では市場で売却できる余剰分が十分でないため、豊作の年はよいが、不作でも続くとたちまち転落、貧困の危機に陥る。彼はヨーロッパでも有数の名君とされる啓蒙専制君主の土地でも、この制度を利用していることを明らかにして、その後進性をやんわりと批判している。他方、彼は美術館、博物館、名所の訪問にも余念がない。彼はルネサンスの多数の芸術作品を見て歩く。絵画、彫像、家具調度品など、フィレンツェにはかつての繁栄を偲ばせる品々があふれかえっている。それは彼には宝庫と映ったのであった。

一二月二日、ヤングはいよいよ旅を折り返すことにする。当初の計画はポンティーノ湿原とローマまで行くことにあったが、時間的に無理があると判断したからであった。乗合馬車で旅立つ。途中火山の噴火口などを見て、一二月四日、ボローニャに到着、アモレッティ師と合流。研究館を訪問して、博物室と機械陳列室を見て、例によって功利性と効果に疑義をいだく。六日、彼はアモレッティ師とモデナへ、八日、パルマへ。アモレッティ師と別れるまで、農業関係の情報を集めたり、美術館等を訪問。一一日、彼はトリノを目指して出立、凍てつくロンバルディア地方を進み、一六日に到着。イギリス大使の紹介で、農業通のポルトガル公使の知己を得る。

二〇日、ヤングはトリノを出立、モン゠スニ峠を越えてリヨンまで運んでくれる乗合馬車に乗る。相客はイギリス商人、アルプス山脈の峠越えであり、その間はラバとそりを利用する。イタリア旅行は日数にすると、九二日間である。三回目の大陸旅行の途中でニースからイタリアへ入国、スーザからモン゠スニ峠を越えてフランス（ただし、当時はサルデーニャ王国サヴォイア地方）へ入国した。

その間、農業関係の記述を別にしても、読物的な記述が多くの一般読者を楽しませてくれることになる。残念ながらスペイン旅行にはそれはほとんど見当たらないが、イタリア旅行には頻繁に現われる。たとえば、オペラ、演劇鑑賞、絵画鑑賞、それに施設訪問を見てみよう。

オペラ、演劇鑑賞の場合、オペラへ出かけたという記述は一六回である。そのうち九回はオペラの演題を明示している。演劇は四回、演題の明示はなく、喜劇とか悲劇としか表示されない。このオペラと演劇を合計すると二〇回。旅行日数は九二日間であるから、ほぼ四・六日に一回はどちらかを鑑賞した計算になる。

絵画の鑑賞はどうか。これは美術館ばかりか、教会や宮殿に展示された絵画について作品名を明示してあるものを数えあげたのだが、二一回ある。これもほぼ四・四日に一回鑑賞したことになる。それに施設訪問は工場から印刷所まで五回ある。これらを合計しただけで四六回、主体の農業調査以外に実によく行動したものである。これらにさらに、昼は博物館、夜はサロンや会食につき合い、席の暖まる暇がなかったものと思われる。ヤングの気力、体力には圧倒される。

さて、こうした二つの旅行を比較してみるとき、読者は何に気づかれるであろうか。もちろん、一二日間の旅と九二日間の旅とでは内容の充実度に違いがあるが、こうした時間の長短を越えて指摘できる点が二つある。

ひとつは叙述密度の相違にある。ヤングは自然環境について叙述する場合、自然美について研ぎ澄まされた現代人と変わらぬ感性を持っているために、非常に豊な表現で微に入り細にうがって行なう。それはその美しさに心から共感し、感嘆の声を上げんばかりに浮き浮きとした気分で緻密に行なっている。そうした場合、彼が好んで取り上げるのはたとえば、山並みのかさなり、眼下に広がる渓谷、足もとに広がる樹林、屹立する岩峰、眼前に広がる緑の沃野などである。それら自然美についての叙述には二つの旅行に差異は認められない。

ところが、文明化が進み、耕作が現われ、生活が中心になると、叙述が異なってくる。スペインについては、農業、集落、生活も、さらには料理、服装、女性も、叙述は粗雑になる。イタリアについては、農業、集落、街道、街の佇《たたず》まい、生活一般、人との交流も、さらには料理、服装、女性、芸術も、叙述は活気をおびる。彼は毀誉褒貶《きよほうへん》の激しい男だが、良いの悪いの、立派だの下劣だの、清潔だの不潔だの、美味だの、上等だの、美しいの、感激だの、美の極りだのと形容詞を駆使する。そこには、スペインと異なった叙述の躍動感を感じさせる。

もうひとつは、内容について相違ではなく共通している不足な点である。それは、訳者には流通経済について十分目配りができていないように思われることである。

一八世紀のヨーロッパは工業化時代を迎え、流通と消費が問題になる時代であった。しかし、流通にしても消費にしても、それは後の経済学の確立過程でしっかり概念化されたのであり、一八世紀人にはまだ十分認識されていなかった。したがって、ヤングがその点で十分認識していなかったとしても、責任はない。それでも、ここで指摘したいのは、当時の大都市に旅しながら、彼が流通と消費にまったく何も言及していない点にある。彼は『フランス紀行』のパリの項で、市の入口周辺における交通量の少なさに言及している。それは人と物質の動きが少ないことを指摘し、何らかの結論（商業の不振）を引き出したかったものと思われる。結局、それは結論を出さないままに終わったが、『スペイン紀行』、『イタリア紀行』においては、バルセロナ、ミラノ、ヴェネツィア、フィレンツェなどについて交通量にすら言及がない。わずかに『スペイン紀行』のバルセロナの項で、彼はラバに引かれた多数の二輪荷車と四輪荷車を目撃したと指摘するにすぎない。流通と消費は念頭になかったのであろうか。

最後に、本書の訳文についてお断りしたい。それは訳者の浅学菲才から、予想もしなかった誤りを犯していることが少なくないと思われることにある。訳者は慎重を期し、何回も改訳してこうなったが、古典的文章には思わぬ落とし穴が待っているものである。読者には訳文でお気づきの点があれば、ご教示いただけると幸いである。なお、本書を利用する研究者や院生諸君は訳文だけでなく、原文にもあたって確認することをお勧めする。古典的文章は、とくにヤングのような人の文章は省略も少なくなく、いくつもの意味に解釈が可能だからである。

ところで、最後の最後になったが本書の訳出、出版にあたっては実に多くの方々のご厚情とご協力をいただいている。慶應義塾大学教授であられた故海保眞夫氏には、一八世紀イギリス文学の専門家として、ヤングの文章について貴重なご教示を賜った。氏の親身な協力なくしてはこの訳業はとても陽の目を見ることはなかったであろう。訳者の公務と遅筆から完成が遅れ、氏のご存命中に本書を上梓できなかったことを申し訳なく思う。同じく、慶應義塾大学名誉教授鷲見洋一氏にはイタリア語についてご教示を賜ったし、同じく慶應義塾大学教授山道佳子氏には、カタルーニャ語による固有名詞の読み方についてご教示を賜った。そのほかにも、いちいちお名前を挙げないが、地名から芸術に至るまで、さまざまな分野の専門家にお世話になった。このような方々のご協力によって本書は成り立っている。さらに、法政大学出版局の勝康裕氏には、本書の出版要請に快諾をいただいた。氏にはこれまで他社の出版でも二冊お世話になっており、何やら因縁を感じる。記して感謝の証としたい。

二〇一二年盛夏

宮崎　揚弘

年表（一七五〇〜一七九九年）

西暦	スペイン・イタリア	フランス
一七五〇	この時代、ヨーロッパは小氷期にあるが、しだいに温暖化の傾向が現われている。経済的には農業、工業とも好況期を迎えようとしていた。スペインのカスティリャで住民台帳完成（〜五三）	
五一		『百科全書』第一巻（〜七二）
五三	フィレンツェで、農芸学会設立	
五六		七年戦争（〜六三）／北アメリカでフレンチ＝インディアン戦争（〜六三）
五九	ミラノ公国で土地台帳完成	ケベック喪失
六〇		モントリオール喪失／ベルタン、農業協会の設立を勧告
六一	スペイン、フランス側に立って七年戦争に参戦（〜六三）	
六三	七年戦争終結／スペイン、イギリスへフロリダ	パリ条約とフベルトゥス条約により七年戦争と

	を割譲／ナポリ王国で飢饉と疫病（〜六四）	フレンチ＝インディアン戦争終結／フランス、カナダとミシシッピ河以東の地を割譲
六四	ミラノで「拳《こぶし》の会」機関紙『イル・カフェ』を創刊	フランスのイエズス会解散
六五	トスカーナ大公国でヨーゼフ二世の弟レオポルトが大公位を継承	
六七	スペイン、ナポリ、シチリアの諸王国、イエズス会追放／トスカーナ大公国、穀物流通の一部自由化（七五年に全面自由化）実施	囲い込み許可の勅令（〜七七）
六八	ジェノヴァ共和国、コルシカ島をフランスに売却／パルマ公国、イエズス会追放	
七三	教皇クレメンス一四世、イエズス会解散令	
七四	この頃スペインでカンポマネスの呼びかけで、祖国の友・経済協会（フランス、イタリアの農業協会に代る組織）が設立される（バルセロナには設立されない）。	ルイ一六世即位（〜九二）
七五		パリで食糧不足／小麦粉戦争
七七	スペインでフロリダブランカ伯宰相に就任（〜九二）	

七八		アメリカ独立を承認
八〇	この頃カタルーニャで綿の紡績・織布業が成長しはじめ、ジェニー紡績機導入される	
八三	サルデーニャ王国のトリノで、王立科学アカデミー設立	カロンヌ、財務総監に就任（～八七）
八六	ミラノ公国で統治評議会設置	カロンヌ、財政改革案を提出／英仏通商条約を締結
八七	スペインでフロリダブランカ、国家最高会議を設置／国勢調査実施	名士会／ブリエンヌ、財務総監に就任（～八八）／農作物凶作
八八	スペインでカルロス三世没、カルロス四世即位	ラモワニョンの司法改革／グルノーブルの「屋根瓦の日」／農作物凶作
八九	バルセロナで食糧暴動／スペイン、フランス革命の波及を恐れ、九月から国境に軍を配備、異端審問と検閲を強化／イタリアでは革命に対する目立った動きなし	全国三部会召集／国民議会の宣言／憲法制定国民議会の宣言／バスティーユ牢獄襲撃／フランス革命始まる／封建的特権の廃止宣言／人権宣言／ヴェルサイユ行進／教会財産の国有化
九〇	トスカーナ大公レオポルト、オーストリア皇帝に即位し、ウィーンへ移る	聖職者民事基本法／第一回全国連盟祭／アッシニア銀行券の発行
九一		ル・シャプリエ法／ヴァレンヌ逃亡事件／ピルニッツ宣言／一七九一年憲法／立法議会の成立
九二	スペインでゴドイ宰相に就任（～九八、一八〇〇	ジロンド派内閣の成立／オーストリアへ宣戦布

〇～一八〇八）／フランス軍、サルデーニャ王国のサヴォイアとニース占領／イタリアでは、この頃からパトリオット（専制政治を否定し、共和政を求める人々）による政治的、思想的運動が活発になる

九三	フランス革命政府、スペインに宣戦布告／国民公会、戦争開始（～九五）
九四	フランス軍、ジェノヴァ共和国沿岸地域を占領
九五	スペイン、バーゼル講和条約でフランスと和睦
九六	スペイン、フランスとサン＝イルデフォンソ条約（対仏追従）締結／対英戦争開始（～九七）／ナポレオン、イタリア遠征／フランス軍、ミラノを占領／ロンバルディア行政府の設置／フランス軍、ボローニャ、フェッラーラなどを占

告、革命戦争始まる／「祖国は危機にあり」の宣言／八月一〇日事件／王権の停止／ラ＝ファイエットの亡命／封建的特権の無償廃止／九月の虐殺／ヴァルミーの戦い／国民公会の成立／王政の廃止／国王裁判の開始

ルイ一六世処刑／第一回対仏大同盟（～九七）／三〇万人の徴兵／ヴァンデの反乱／革命裁判所の設置／公安委員会の設置／ジロンド派の追放／最高価格令／恐怖政治の成立／ジロンド派処刑／理性の祭典

エベール派処刑／ダントン派処刑／最高存在の祭典／テルミドールの反動、ロベスピエール派没落／最高価格令の廃止

ジェルミナールの蜂起／プレリアルの蜂起／革命裁判所の廃止／総裁政府成立

アッシニア銀行券の廃止／ナポレオン、イタリア遠征／バブーフの陰謀事件

	領／チスパダーナ共和国成立	
九七	スペイン海軍、サン＝ビセンテ沖の海戦でイギリスに敗北／フランス軍、ヴェネツィア共和国占領／リグーリア共和国成立／チザルピーナ共和国成立／同共和国、チスパダーナ共和国を併合／フランス、オーストリアとカンポ＝フォルミオ条約締結	バブーフの処刑／フリュクチュドールのクーデタ／カンポ＝フォルミオ条約によりベルギー、サヴォィア、ニースを獲得
九八	イタリアでローマ共和国成立／ナポリ王国、反仏感情からローマを攻撃／ナポリ王国軍、敗走し、王家、英艦でシチリア王国へ逃亡	ナポレオン、エジプト遠征／アブキール湾の海戦で英海軍に敗北／第二回対仏大同盟（〜一八〇二）
九九	ナポリでフランス後援のナポリ共和国成立／フランス軍、トスカーナ占領／オーストリア軍などの反撃でチザルピーナ共和国崩壊／反革命によりナポリ共和国崩壊／ナポリにイギリスの後援で王政復古	ナポレオン、エジプトから帰国／ブリューメール一八日のクーデタ／統領政府の成立、ナポレオンの権力掌握によりフランス革命の終結

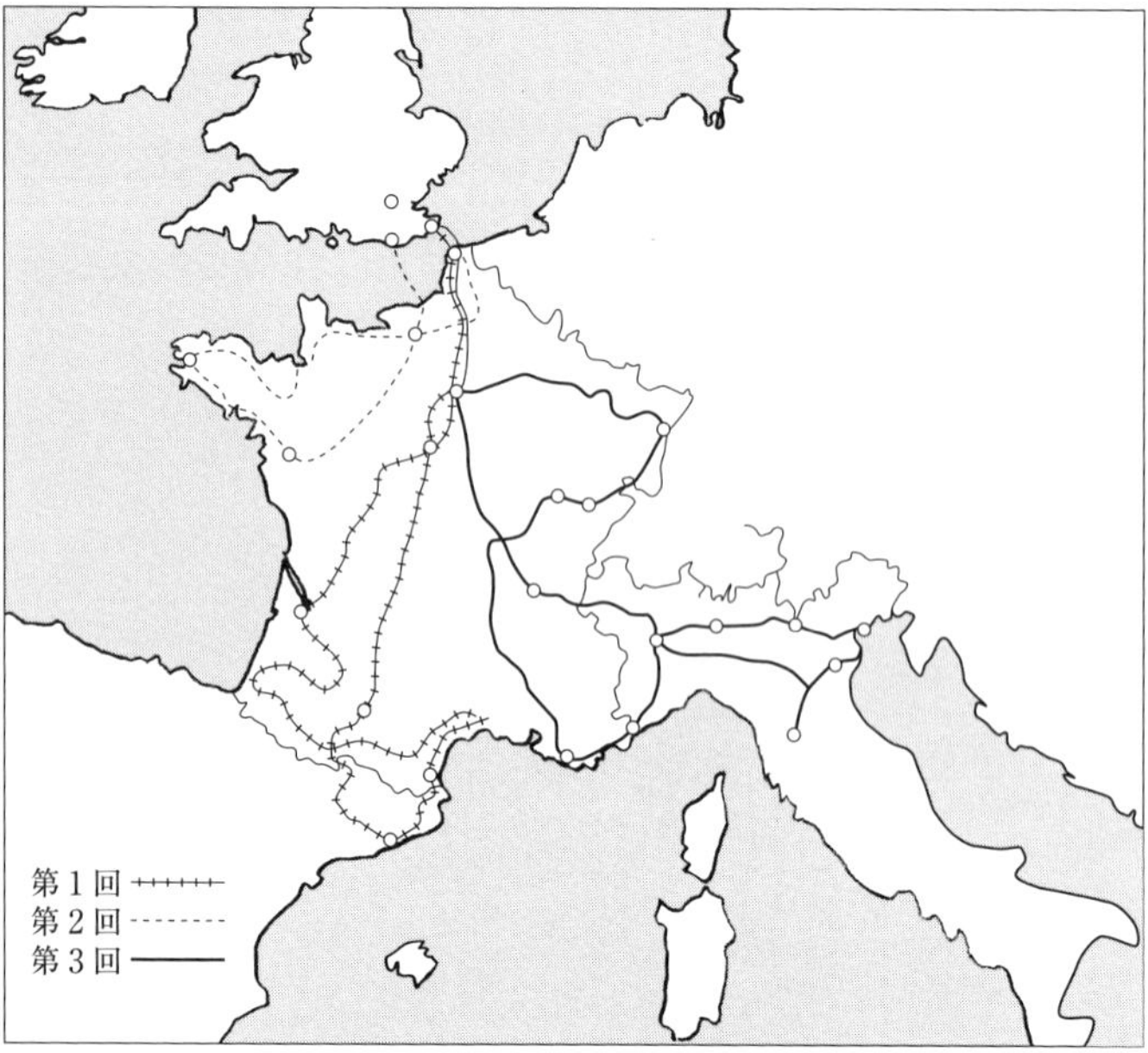

アーサー・ヤングの行程地図

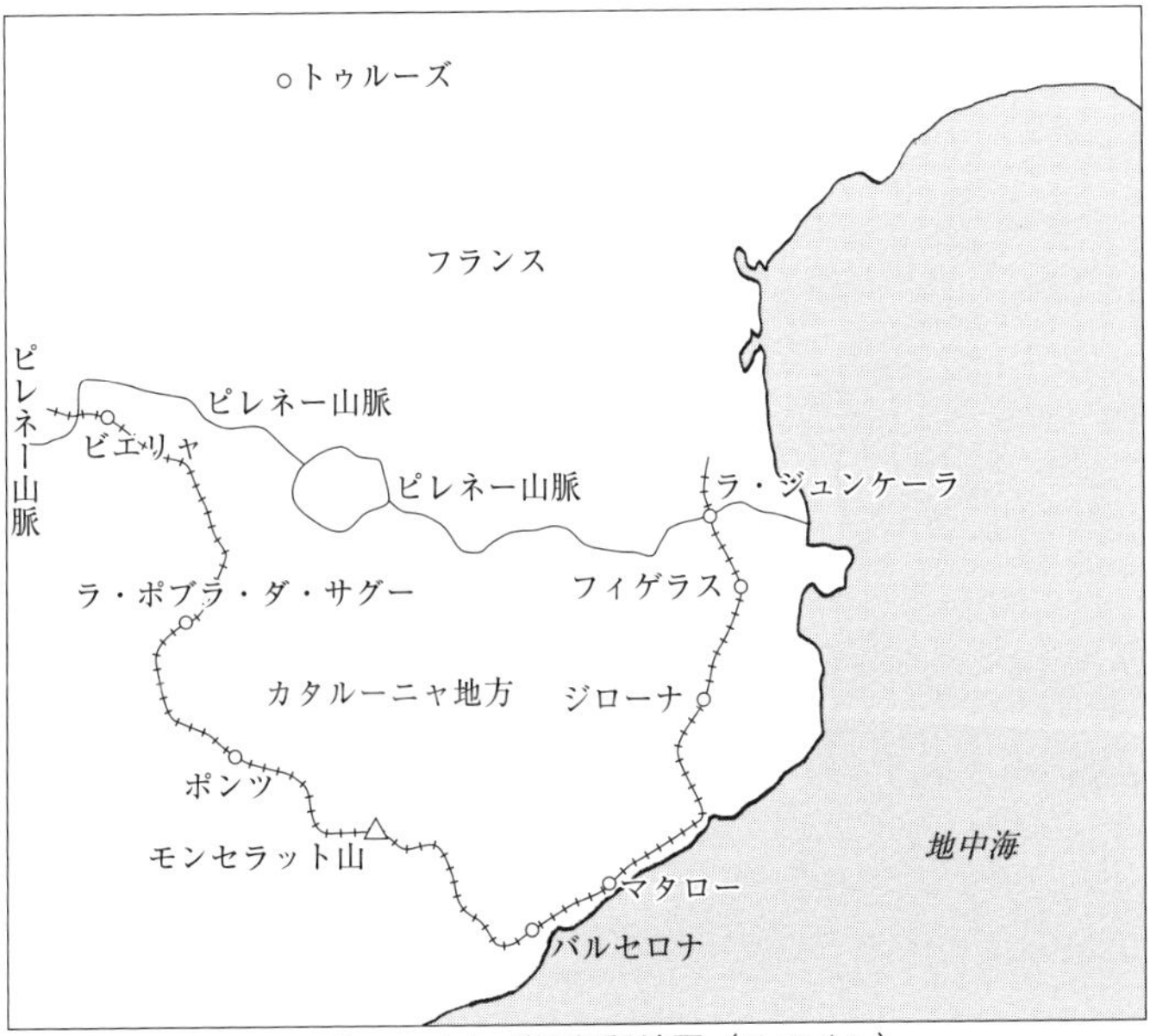

アーサー・ヤングの行程地図（スペイン）

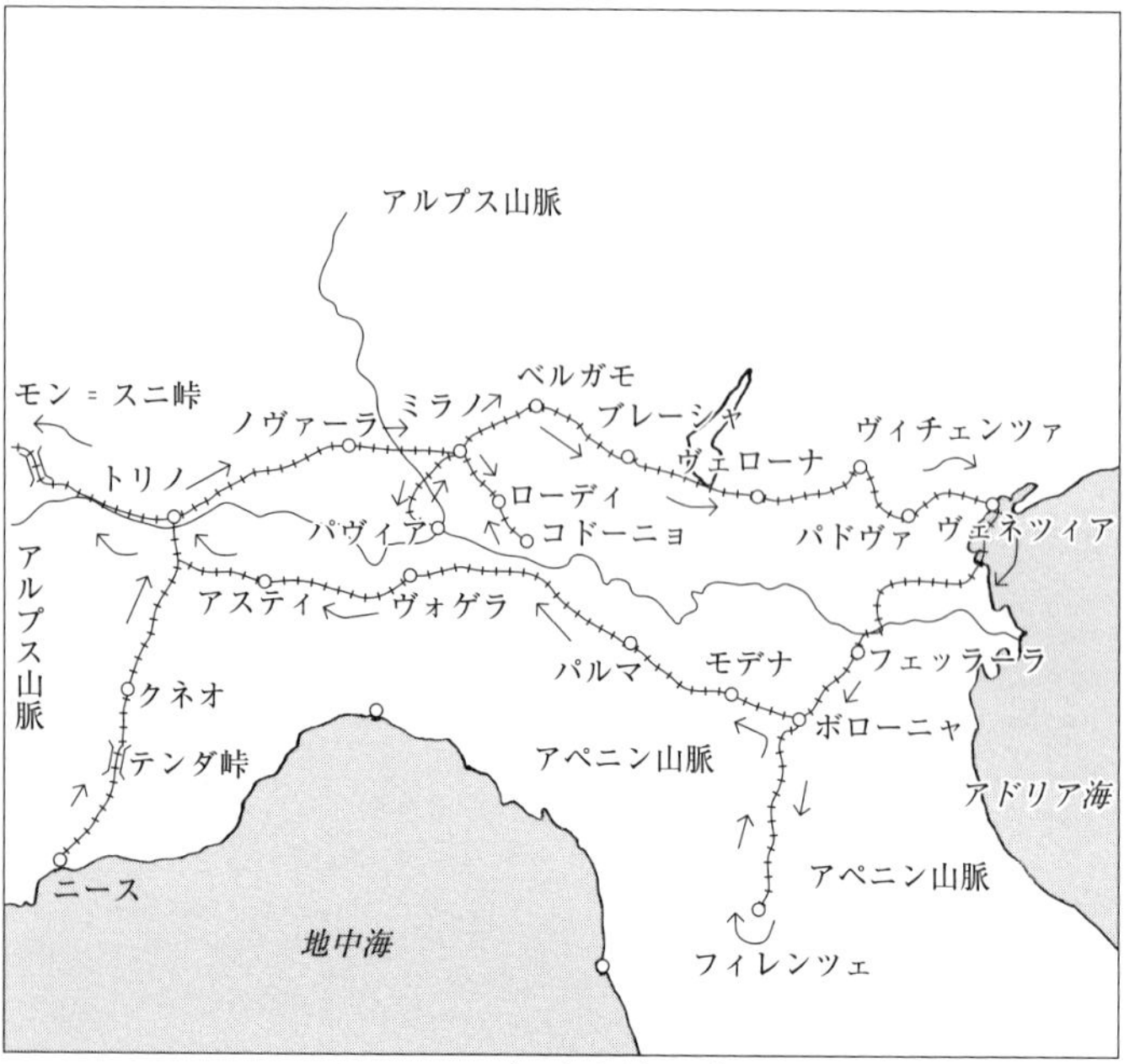

アーサー・ヤングの行程地図（イタリア）

固有名詞索引

――スペイン紀行――

［ア　行］
アスパラゲーラ Esparagara　vi, 16
アラゴン Aragó 地方　v, 11
アラン Aran 渓谷　v, 2, 4
アレニス・ダ・マール Arenys de Mar　vi, 25

［カ　行］
カタルーニャ Catalunya 地方　5, 8, 12, 22
カネット・ダ・マール　Canet de Mar　vi, 25
カレーリャ　Calella　vi, 26
ガロンヌ Garonne（Garona）河　2, 4, 5

［サ　行］
ジェリ・ダ・ラ・サル　Gerri de la Sal　8
シックネス　Thickness, Philip（旅行家）　14, 15
ジローナ　Girona　vi, 27

［タ　行］
トゥルーズ　Toulouse　v, 5

［ハ　行］
バニェール＝ド＝リュション　Bagnères-de-Luchon　3, 15, 17, 27
パリャルス・ソビラー　Pallars Sobirà 峠　v, 4
バルセロナ　Barcelona　v, vi, 3, 4, 16–18, 20, 22–24
バルセロネータ　Barceloneta　vi, 19
ハンニバル　Hanníbal　17
ビエリャ　Vielha　v, 3, 4, 12
ピネーダ・ダ・マール　Pineda de Mar　vi, 26
ピレネー　Pyrénées 山脈　v, vi, 5, 11, 26, 27
フルケー　Folquer　v, 11
ポンツ　Ponts　12

［マ　行］
マタロー　Mataró　vi, 25
マルグラット・ダ・マール　Malgrat de Mar　26
ムンテスキウ　Montesquiu　v, 10
モンセラット　Montserrat 山　v, 14, 15, 25

［ラ　行］
ラ・ポブラ・ダ・サグー　La Pobla de Segur　v, 9, 10, 12
リアルブ　Rialb　v, 7

――イタリア紀行――

［ア　行］
愛国協会　vii, 45, 47
アスティ　Asti　149
アペニン Appennini 山脈　viii, ix, 33, 63, 109, 126, 137, 146, 148
アモレッティ　Amoletti, Carlo 師　vii, ix, 46, 47, 49, 50, 60, 118-120, 122, 123, 134, 136, 137, 140, 142, 145, 146
アリオスト　Ariosto, Lodovico（詩人）　viii, 101, 144
アルトワ Artois 伯　vi, 36, 45
アルドゥイーノ，ジョヴァンニ　Arduino, Giovannni（地質学者，農業長官）　vii, viii, 71, 72, 78, 81
アルバーニ　Albani, Francesco（画家）　104
アルプス Alps 山脈　33, 34, 63, 70, 126, 146, 148
アンジェリコ，フラ　Angelico, Fra（画家）　41
ヴァプリオ　Vaprio　vii, 59, 60
ヴィチェンツア　Vicenza　vii, 68-71, 73
ヴィットリオ・アマデオ三世　Vittorio Amadeo III　32
ヴェネツィア　Venezia　vii, viii, 59, 65, 66, 71, 76-82, 84-100, 107, 108, 132
ヴェルチェッリ　Vercelli　45
ヴェローナ　Verona　vii, 65-68, 71
ヴェロネーゼ，パオロ　Veronese, Paolo（画家）　78, 79
オリンピコ Olimpico 劇場　vii, 70

［カ　行］
カスティリオーネ Castiglione 伯　vii, 50
カゾ Casaux, Alexandre 侯　viii, 111, 112
カニョーリ　Cagnioli, Antonio（農業協会事務局長）　66
カプラ Capra 騎士　vi, 39, 40, 43
カプリアータ　Capriata（農業協会副会長）　vi, 39, 40, 42
カッラッチ，アンニーバレ　Carraci, Annibale（画家）　116
ガルダ Garda 湖　vii, 65
カルブリ　Carbury（化学教授）　vii, 73
グイード　Guido Reni（画家）　ix, 104, 140
グエルチーノ　Guercino da Cento（画家）　101, 104
クジーナ Cusina 侯　vii, 46, 51
クネオ　Cuneo　vi, 33
クレーマ　Crema　59
コシャン　Cochin, Charles Nicolas（画家）　79, 104
コッレッジョ　Corregio, Antonio Allegi Il（画家）　116, 143
コドーニョ　Codogno　vii, 57-59
コンシリョ Consiglio 回廊　vii, 68, 73

［サ　行］
サイモンズ　Symonnds, John（ケンブリッジ大学近代史教授）　65, 75
『最後の晩餐』*Cenacolo Vinciano*　54
サッバティーニ，ロレンツォ　Sabbatini, Lorennzo（画家）　41
サルデーニャ Sardegna 王国（島）　vi, x, 43-45, 147, 149, 153
サン・アレッサンドロ S.Alessandro 教会　53
サンソヴィーノ　Sansovino, Jacopo（建築家）　84

サン・ジョルジョ・マッジョーレ S.Giorgio Maggiore 教会　84
サンタ・ジュスティーナ S.Giustina 教会　vii, 73
サンタ・トリニータ S.Trinita 橋　ix, 131
サンタ・マリア・デッラ・サルーテ S.Maria della Salute 教会　84
サン・タンブロージョ S.Ambrogio 教会　54
サン・フェデーレ S.Fedele 教会　53
サン・マルコ S.Marco 聖堂（広場） viii, 82, 83, 98
サンミケーリ，ミケーレ Sammicheli, Michele（建築家） vii, 67, 84
サン・ロレンツォ・マッジオーレ S.Lorenzo Maggiore 教会　53
ジノリ Ginori 侯　ix, 120, 122
ジューデッカ Giudecca 運河　82, 84
ジョベール Giobert, Giovanni Antonio（化学者） 41
ジョルダーノ，ルカ Giordano, Luca（画家） 127
スーザ Susa　35, 153
スカフィエナッティ Schaffienatti 伯 ix, 145, 146
スカモッツィ Scamozzi, Vincenzo（建築家） 84
スペルガ Sperga　vi, 41, 63
ソスペッロ Sospello　30, 31
スコパス Skopas（彫刻家） 122

［タ　行］
大運河 Canale Grande　76, 77, 79
ダイク，ファン Dyck, Van（画家） 41
大病院 Ospedale Maggiore　53
ダウ，ヘラルド Dou, Gerard（画家） 41
タッソー Tasso, Torquato（詩人） 57, 144
ダ・ヴィンチ，レオナルド Da Vinci, Leonaldo（画家） vii, 54
タルティーニ Tartini（農芸学会事務局長） 115, 117
ダンテ Dante（詩人） 144
チニャーニ，カルロ Cignani, Carlo（画家） 41
チマローザ Cimarosa, Domenico（作曲家） 49, 72, 115
ツァッパ Zappa（問屋商人） 47
ツッキーノ Zucchino（菜園の管理人） ix, 114, 117, 120, 123
ティエネ Tiene 伯　68–70
ティツィアーノ Tiziano, Vecelli（画家） 79, 82, 114, 116, 119, 120, 125
ティントレット Tintoretto（画家） 79
テイラー Taylor（農業家） viii, ix, 102, 105–108, 115, 137
デ・ボニン De Boning 伯　vii, 69, 70
デュタン Dutens, Louis（哲学者） 32
テンダ Tenda 峠　vi, 31, 32
トアルド Toaldo, Giuseppe（天文学者） vii, 74, 75
ドゥカーレ Ducale 宮殿　79, 83
トスカーナ Toscana 大公（地方） 109, 117, 124, 128, 131, 132, 136, 138
ド・ラランド De Lalande, Joseph-Jérôme Le François（天文学者） 93, 98, 122, 135, 141
トリノ Torino　vi, x, 34, 36, 37, 39, 42, 43, 48, 77, 93, 101, 147, 149, 151–153
トルトーナ Tortona　x, 39, 109, 148
トレヴァ Trevor（駐トリノ大使） x, 150–153
ドン・ロドリーゴ Don Rodrigo（駐トリノ公使） x, 151, 152

［ナ　行］
ニース（ニッツァ）Nice (Nizza)　vi, 32, 137
ナルディーニ　Nardini, Pietro（音楽家）　ix, 128
ネリ　Neli（農芸学会会長）　111, 112
ノヴァーラ　Novara　45
農芸学会　Academia dei Georgofili　viii, 47

［ハ　行］
ハーヴィー Hervey, Frederick Augustus 卿（駐フィレンツェ公使）　ix, 115, 120, 121, 126, 137
パオレッティ　Paoletti（農業の著述家）　ix, 119, 123, 124
パッラーディオ　Palladio, Andrea（建築家）　68–71, 84
パドヴァ　Padova　vii, 64, 71, 72, 75, 77, 137
パルマ　Parma（公）　ix, 108, 125, 137, 143, 144, 145
ピエトラマラ　Pietramala　135, 136
ピエモンテ　Piemonte 地方（王国）　30–33, 36, 39–44, 63, 147, 151, 152
ピエロパン Pierropan 師　vii, 68–70
ピサ　Pisa　viii, 111, 112
ピッテイ Pitti 宮殿　ix, 125, 128
ビニャーミ　Bignami（チーズ商人）　viii, 47, 58, 102, 105, 106
ファガーニ Fagani 侯爵夫人　vii, 52
ファッブローニ　Fabbroni, Giovanni Valentino Mattia（政治家）　ix, 116, 118–120, 128, 138
ファルネーゼ，アレッサンドロ　Farnese, Alessandro（パルマ公）　147
ファルネーゼ，ラヌンチオ　Farnese, Ranuntio（パルマ公）　147
ファン・ダイク　→ダイク参照
ブイエ Bouìllé 侯爵夫人　viii, 105, 108, 110, 134
フィレンツェ　Firenze　viii, ix, 47, 94, 108–110, 120–124, 126–128, 131–134, 137, 138
フェッラーラ　Ferrara（公）　viii, 96, 101, 102
フォルティス　Fortis, Albelto 神父　vii, 75
フォンターナ Fontana, Felice 騎士　120, 128, 138
フォンターナ　Fontana, Mariano（数学者）　40
ブニーヴァ Buniva, Michele Francesco 博士　40, 43
フラ・アンジェリコ　→アンジェリコ参照
ブラッコ　Bracco（土地管理人）　vi, 42
ブリオーロ　Briolo（書店経営者）　39–42
ブリストル Bristol 卿　75, 137
ブレーシャ　Brescia　vii, 63–65, 68
ペトラルカ　Petrarca（詩人）　88, 144
ベーケン　Beecken（宮廷顧問官）　vii, 49, 53, 54
ベルガモ　Bergamo　vii, 60, 61, 63, 65
ポー Po 河　viii, ix, 36–38, 41, 95, 145, 146
ボローニャ　Bologna　viii, ix, 92–94, 102, 105, 106, 137–141, 148

［マ　行］
マイローニ・ダ・ポンテ　Maironi da Ponte（事務局長）　60–62
マラー　Mara, Gertrud Elisabeth（歌手）　vii, 59
マルティーニ　Martini, Vincenzo（作曲

家） 85, 92
ミラノ Milano 公国（勅令） vii, 40, 42, 45-55, 59, 63, 65, 68, 77, 86, 108, 121
メディチ Medici 家 viii, 113, 125, 131, 132
モデナ Modena ix, 141-143
モンカリエーリ Moncalieri 城 vi, 36, 41, 149
モン＝スニ Mont-Cenis 峠 x, 153

［ヤ 行］
ユヴァッラ Juvarra, Filippo（建築家） 39

［ラ 行］
ラストリ Lastri, Marco（聖堂参事会会長） viii, 114, 117, 120
ラッコニージ Racconigi vi, 34, 36
ラジョーネ Ragione 宮殿 vii, 71
ラッファエッロ Raffaello Santi 104, 114, 125, 143
リアルト Rialto 橋 79
リッカルディ Riccardi 宮殿 ix, 127, 128
ルヴリュール Rouvrure 男爵 105, 108
ルーベンス Rubens, Peter Paul（画家） 105, 108
レオナルド・ダ・ヴィンチ →ダ・ヴィンチ参照
レッジョ Reggio ix, 142, 143
レディー・クレイヴン Lady Craven, Elizabeth Margravine（旅行家） 115
レ・マスケーレ Le Maschere ix, 109, 135
レンブラント Rembrandt, Van Rijin（画家） 82
ローディ Lodi vii, 49, 54-59, 86, 146
ロレンツィ Lorenzi, Stoldo（彫刻家） 53
ロンバルディア Lombardia 地方 49, 109, 142, 146, 149

事項索引

――スペイン紀行――

――イタリア紀行――

《叢書・ウニベルシタス　984》
スペイン・イタリア紀行

2012年 9 月25日　　初版第 1 刷発行

アーサー・ヤング
宮崎揚弘 訳

発行所　財団法人 法政大学出版局
〒102-0073 東京都千代田区九段北3-2-7
電話03（5214）5540／振替00160-6-95814
製版，印刷：平文社　製本：ベル製本

Printed in Japan

ISBN978-4-588-00984-6

著者紹介
アーサー・ヤング（Arthur Young, 1741-1820）
イギリスの農学者，農業経済学者。早くから農業経営に携わり，かたわらイングランド，ウェールズ，アイルランドの各地を旅行して農業調査に従事し，旅行中発見したノーファク農法（小麦，カブ，大麦，クローバーの四年輪作方式）の採用などを提唱して，イギリス農業の経営・技術両面の改良に寄与した。その後，行動的な研究者として名声を博し，王立学会の会員となり，ドイツ，イタリアの学会にも名を連ねる。1784年には，雑誌『農業年報』を創刊し，その編集長として1815年まで記事・論文を多数執筆。その間，農業調査会の事務長の職に就き，終生その地位にあった。ヨーロッパ大陸には，1787年から1790年までの3回農業視察を目的に旅行をした。第1回目はフランスの南西部，北部，スペインのカタルーニャ地方を旅し，第2回目はフランスの西部を旅し，第3回目はフランスの東部，中央部，南東部，イタリアの北部，中部を旅し，その見聞を『1787年，1788年そして1789年の期間中の旅行記』全2巻にまとめた。それは本叢書の訳書としては『フランス紀行』と『スペイン・イタリア紀行』となる。いずれも，農事視察旅行の報告という枠を超えた，18世紀フランス，スペイン，イタリア社会の探訪記，大革命の体験記として，好評をもって迎えられたが，今日もなお，これらの国々の景観史，農村社会史，大革命の研究において，その重要性を失っていない。

訳者紹介
宮崎　揚弘（みやざき あきひろ）［本名：洋 ひろし］
1940年，東京都に生まれる。慶應義塾大学大学院文学研究科史学専攻博士課程修了。慶應義塾大学名誉教授。専攻は近世フランス史。著書『フランスの法服貴族―― 18世紀トゥルーズの社会史』（同文舘出版，1994年），『ヨーロッパ世界と旅』（編著，法政大学出版局，1997年），『続ヨーロッパ世界と旅』（編著，法政大学出版局，2001年），『災害都市，トゥルーズ―― 17世紀フランスの地方名望家政治』（岩波書店，2009年）。訳書に，アーサー・ヤング『フランス紀行―― 1787，1788 & 1789』（法政大学出版局，1983年），モニク・リュスネ『ペストのフランス史』（同文舘出版，1998年）。